漢字

기탄 교과서 한자가 초등 한자교육의 기준이 되겠습니다

기탄의 교육이념과 함께 하며 자녀 교육을 몸소 실천해 주신 수백만 학부모님의 사랑으로 이제 기탄은 학부모님께 자녀교육의 기본이자 시작으로 인식 되고 있습니다. 값비싼 사교육비를 들이지 않고도 '과연 내 아이를 잘 가르칠 수 있을까?' 하고 의구심을 가졌던 분들도 기탄으로 자신 있게 가르치며 남다른 학습효과를 보고 있다고 이구동성으로 말씀하십니다.

최근 들어 기탄교재로 공부하는 어린이들이 폭발적으로 증가하고 있는 것은 그 동안 타성에 젖어 비싼 사교육에만 의존하던 학부모님들의 의식에 일대 변혁이 일어나고 있다는 증거이며, 자녀교육의 새로운 시작을 알리는 메시지라고 생각합니다.

초등한자의 바이블! 기탄교과서한자입니다

기탄교육은 기탄한자(A~D단계) 이후 학습할 수 있는 한자 학습프로그램을 만들어 달라는 학부모님들의 많은 성원에 힘입어 새롭게 기탄교과서한자를 선보이게 되었습니다. 기탄교과서한자는 기탄한자의 연계 학습프로그램으로 초등교과서 90여권을 총 분석, 10만여 한자어를 정리한 방대한 데이터베이스를 확보하였습니다. 이 중 교과서 출현 빈도, 중학교 교육용 필수 한자 범위 내에서 530여 한자어를 국어, 수학, 사회과 탐구 등 다양한 영역의 한자를 학습하게 했습니다.

특히 학교별 학력평가시험(일제고사) 부활로 인해 교과별 영역별 성적표에 성취도가 등급화 되는 것을 반영, 초등 교과서에 실린 각 과목의 한자어와 교과서 유형 문장학습으로 예습, 복습의 효과와 기초 논술력까지 길러 줍니다. 뿐만 아니라 한자 카드, 쓰기 보따리, 형성평가가 입체적인 한자 학습을 이끌어갑니다. 또한 중국어에 대한 관심이 늘어가는 것을 고려, 간체자를 익혀 중국어 학습의 연계와 어학능력 계발의 기회를 마련하였습니다. 기탄한자에서 기탄교과서한자까지! 이제 유·초등 한자교육은 기탄한자에 맡겨 주십시오.

부모가 바뀌지 않으면 아이도 바뀌지 않습니다

무조건 비싼 사교육비를 들여서 아이를 남에게 맡긴다고 성적이 좋아지는 것은 아닙니다. 자녀교육은 부모의 사랑과 관심이 있어야 학습효과가 배가됩니다. 이제부터 부모님이 직접 챙겨주세요. 무조건 사교육에 우리 아이들을 맡기기 보다는 아이들 스스로 공부하는 힘을 길러줄 수 있도록 기초교육만큼은 부모님께서 직접 챙겨주세요. 앞으로도 기탄교육은 자녀와 함께 공부할 수 있는 최상의 교재를 만들기 위해 항상 먼저 학부모님의 마음을 들여다 보며 최선의 노력을 다하겠습니다.

기탄을 사랑하는 대한민국 모든 학부모님께 진심으로 감사의 말씀을 드립니다.

(주) 기탄교육 임직원 일동

기탄교과서한자는
초등학교 교과서에 쓰인 한자어를
총체 분석한 어휘력 향상 한자 학습 프로그램입니다

● 초등학교 교과서 90여권을 총분석, 교과서에 쓰인 한자어를 집대성한, 방대한 데이터베이스를 갖추어 학습 한자어를 선정, 발췌하였습니다.

　기탄교과서한자는 지금까지 어떤 학습지사에서도 시도하지 않은 과학적, 실용적인 한자어 선정 작업을 거쳤습니다. 초등학교 교과서 90여권에 쓰인 한자어 분석 작업을 성균관대학교 한문학과 학생들에게 의뢰하여 10만여 한자어를 정리한 방대한 양의 데이터베이스를 갖추었습니다. 이중 교과서 출현 빈도와 실용도, 한자 학습상의 난이도를 고려하고, 중학교 교육용 필수한자의 범위 내에서 530여 한자어를 선정하여 국어, 수학, 사회과 탐구, 음악, 미술 등 다양한 영역에서 실용도 높은 한자어를 학습하게 됩니다. 또한 커리큘럼의 전개 방식은 학습자들이 낱낱의 한자 암기가 아닌, 교과서 예문 유형의 문장 속에서 한자와 한자어의 쓰임을 체득하여 어휘력을 신장시킬 수 있는 한자 학습 프로그램입니다.

● 낱개의 한자 학습 뿐만 아니라 언어 사고력을 높여 초·중·고등학교의 학력 평가와 논술의 기초 능력을 길러 줍니다.

　초·중·고등학교의 시험이 달라집니다. 8년 전 폐지되었던 학교별 학력평가 시험(일제고사)이 시행되고 교과별, 영역별 성적표에 성취도가 등급화 되어 반영됩니다. 또, 2007학년도부터 중·고등 내신평가에서 종전의 단답형 시험유형을 줄이고 논술, 서술형의 시험문항 출제 비중이 50%로 확대되어 집니다. 기탄교과서한자는 초등학교 교과서에 실린 각 과목의 한자어와 교과서 유형 문장 학습으로 학습내용의 예습, 복습의 효과와 논술의 기초 능력까지 길러 줍니다.

● 학습자 스스로 한자의 무궁무진한 조어(造語)기능, 의미 함축 기능, 의미 확인 기능을 직접 체험할 수 있도록 구성하였습니다.

▶ 기탄교과서한자에서는 기초과정에서 이미 학습한 한자와 새로 배우는 한자를 더하여 교과서에 쓰인 한자어를 익히게 됩니다. 이러한 학습 과정을 통해 한자가 가진 조어력(造語力)을 아이들 스스로 체험해가며 조어와 독해의 원리까지 깨닫게 됩니다.

　信 + 用 ···· 信用 언행이나 약속이 틀림이 없을 것으로 믿음
　　 + 義 ···· 信義 믿음과 의리
　　 + 念 ···· 信念 굳게 믿어 의심하지 않는 마음

▶ 기탄교과서한자에서는 한자의 의미함축 기능을 익혀 전문화된 용어의 이해를 돕고, 아이들이 사용할 수 있게 됩니다. 한자는 뜻글자로서 하나의 한자마다 뜻을 함축하고 있어 전문용어나 고등지식의 습득을 용이하게 합니다.

　투수? ···▶ 던질 투(投) 손 수(手)
　　　　　　그러면 던지는 손. 아하! 던지는 사람
　　　　···▶ 사전적 의미
　　　　　　야구에서 내야의 중앙에 위치하여 포수를 향해
　　　　　　공을 던지는 사람

▶ 기탄교과서한자에서는 한자의 의미 확인 기능을 익혀 언어의 바른 의미를 쉽게 파악할 수 있습니다. 한글로 쓰인 '의사'는 대략 8개 정도의 뜻을 지니고 있어 醫師(의사)인지, 意思(의사)인지, 아니면 義士(의사)인지 알기 어렵습니다. 그러나 한자를 익히면 의미가 명시적으로 드러나 그 뜻을 바로 확인할 수 있습니다.

　의사 ···▶ 意思 : 무엇을 하려고 하는 생각이나 마음
　　　 ···▶ 義士 : 의리와 지조를 굳게 지키는 사람
　　　 ···▶ 醫師 : 의술과 약으로 병을 고치는 직업에 종사하는 사람

기탄교과서한자는
낱개의 한자 학습 뿐만 아니라 언어 사고력을 높여
논술의 기초 능력까지 향상시키는 프로그램입니다

- **초등학교 교과서에 쓰인 한자어를 학습합니다.**
  초등학교 교과서에 쓰인 중학교 교육용 한자 900자 범위의 한자어를 사용 빈도, 출현 횟수, 한자 학습상의 난이도를 고려하여 학습 한자와 한자어를 선정하였습니다. 이는 종래의 한자 중심의 배열방식에서 벗어나 실용한자를 익혀 학습자의 언어 사고력을 높여 학습능력을 높이는 학습목표를 담아낸 것입니다.

- **한자의 특성을 학습자가 체험하며 깨닫는 원리체험 학습 프로그램입니다.**
  한자가 갖는 문자학적 특징은 조어력, 의미 함축성, 의미 명시성이 있습니다. 기탄교과서한자에서는 학습자가 스스로 이러한 특성을 깨달을 수 있게 됩니다. A~D단계의 학습으로 기초적인 상형, 지사자를 익힌 아이들은 기초적인 한자와 새로 배우게 될 한자의 결합, 즉 조어(造語)과정을 몸소 체험하며 깨달을 수 있게 됩니다. 이러한 경험으로 처음 만나는 단어를 접할지라도 그 의미를 유추하고 파악할 수 있는 능력을 기르도록 개발되었습니다.

- **문학, 인문, 역사, 위인, 실용문 등 다양한 영역의 폭넓은 소재를 통해 한자를 흥미롭게 학습합니다.**
  교과서에 실린 한자어를 교과서 유형의 단문 뿐만 아니라 다양한 글감들을 통해 심화학습하게 됩니다. 동화작가의 창작동화, 위인이야기, 시, 신문, 전래동화 등 문학, 인문, 역사, 위인, 실용문 등을 통해 한자를 흥미롭게 익힐 수 있도록 구성하였습니다.

- **기출 한자의 복습 재생으로 파지 효과를 높일 수 있습니다.**
  3주마다 한 번씩 독립된 복습주를 운용하여 학습내용의 파지 효과를 높일 수 있습니다. 또 매 장마다 앞서 배운 한자를 하단에 기재하여 교재내의 사전적 기능을 높이고 자학자습이 가능하도록 구성하였습니다.

- **한자 카드, 쓰기 보따리, 형성평가를 이용한 입체적 학습 방법론을 제시하였습니다.**
  학습지를 읽고 풀이하는 학습과 병행하여 한자 카드를 통한 훈음 기억 학습, 쓰기 보따리를 이용한 한자 암기 학습, 형성평가를 통한 자가 진단 등 주교재 이외의 학습 도구를 제시하였습니다. 이러한 보조교재들을 통해 아이들은 지루하지 않게 한자를 익히고 실력을 향상 시킬 수 있습니다.

- **간체자를 익혀 중국어 학습의 연계와 어학 능력 계발의 기회를 마련하였습니다.**
  학습 한자에 해당되는 간체자를 제시하여 한자 학습의 실용도를 높였습니다. 간체자를 아이가 모두 암기하지 못하더라도 간체자의 개념을 알게 되고, 중국어 학습에 자발적인 흥미유발의 기회가 될 수 있습니다.

어렸을 때 배운 한자는 평생을 통해 활용됩니다
한자 학습의 중요성이 날로 높아지고 있습니다

● 한자 학습은 왜 필요할까요?

한자 학습은 이제 선택이 아닌 필수가 되었습니다. 우리의 언어 생활에 반드시 필요한 영역이라는 인식과 함께 한자가 지닌 학문적 전이성, 시대적 필요성 등이 재해석 되고 있기 때문입니다.

첫째, 우리말의 70% 이상이 한자어로 이루어졌기 때문에 기본적인 언어 생활에 도움을 줍니다. 곧 우리말을 바르게 이해하고 올바른 국어 생활을 하기 위해서는 한자를 아는 것이 필수적입니다.

둘째, 국어, 수학, 사회, 역사, 외국어 등 다른 학과 공부에 많은 도움을 줍니다. 예를 들어 수학을 공부할 때 분자(分子), 분모(分母), 분수(分數) 등 한자를 알고 있는 아이라면 수학의 개념도 훨씬 더 쉽고 정확하게 이해할 수 있습니다. 이렇게 한자는 타과목의 도구 교과적인 성격을 갖고 있습니다.

셋째, 어휘력과 이해력의 신장으로 문장 의미 파악이 쉬워져 책을 가까이 하는 아이로 만들어 줍니다. 한자는 조어력(造語力)과 의미 함축성이 매우 뛰어난 문자입니다. 이러한 이유로 전문서적이나 학술 용어 등은 한자로 표현되어 있습니다. 많은 양의 독서 경험은 곧 아이의 생각하는 힘과 창의력을 길러 줍니다.

넷째, 한자나 한문에는 선인들의 지혜와 윤리관이 배어 있어 바람직한 가치관과 예의범절을 배울 수 있습니다. 고전, 명문 속에 담긴 효행, 우애, 경로 등 사상적인 유산을 통해 바람직한 가치관을 가질 수 있고 나아가 사람이 해야 할 도리, 어른을 공경하는 자세, 학문을 배우는 자세 등도 익힐 수 있습니다.

● 한자 학습의 추세는 어떤가요?

한자 사용을 사대주의적 발상, 중국의 문자 차용이라고 보는 종전의 시각에서 벗어나 이제는 우리 언어의 일부라는 인식이 확대되어 초등학생부터 성인까지 한자 학습 열풍이 불고 있습니다.

첫째, 한자능력검정시험의 자격증이 국가 공인 자격증으로 인정됨에 따라 유아~성인에 이르기까지 한자 학습 붐이 일고 있습니다.

둘째, 21세기의 주역으로 한자 문화권이 급부상함에 따라 중국어, 일본어의 기초로서 한자 학습의 열기가 높아지고 있습니다. 한자는 세계인구의 1/4이 사용하고 있는 국제 문자로서 앞으로 그 중요성은 날로 높아질 것입니다.

셋째, 2005년부터 대학 수학 능력 시험 외국어 영역에 한문 과목이 추가되고 중·고등학교의 시험 출제 유형에서 논술 유형 출제 비중이 높아짐에 따라 한자 학습의 조기 교육이 일반화되어 가고 있는 상황입니다.

넷째, 대부분의 초등학교에서 재량시간으로 한자 학습을 시행하고 있습니다. 70년대 이후 한자 교육을 전혀 받지 못했던 부모님들과는 달리 현재 대부분의 초등학생들이 한자를 배우고 있습니다.

다섯째, 각종 공문서, 도로 표지판 등에 한자를 병기하는 국가 정책과 경제계, 교육계 등 각계의 한자 학습 요구에 대한 발표로 한자 학습의 중요성은 더욱 높아지고 있는 상황입니다.

한자 학습은 아이의 두뇌를 개발해 줍니다
한자 학습의 체계! 기탄한자가 잡아 줍니다

● 한자 학습의 효과는 무엇인가요?

▶ 한자는 그림에서 시작된 문자로서 구체적 이미지 자체가 곧 문자가 되었습니다. 이러한 시각적 이미지를 통한 학습은 곧 아동의 우뇌를 자극해 줍니다.

▶ 한자는 하나의 기초 개념에서 새로운 개념을 창출해 나갑니다. 이러한 과정을 통하여 아동의 창의력, 어휘력을 길러 줍니다.

▶ 한자는 저마다의 뜻, 소리, 모양을 각기 지닌 문자입니다. 이렇게 저마다의 뜻과 소리, 모양을 분석하는 연습을 통해 아동의 좌뇌 발달을 돕습니다.

▶ 한자는 부수와 몸이라는 수많은 부속품들의 조합으로 이루어진 문자입니다. 이러한 부속품들의 분리와 합체 과정을 통해 아이의 좌뇌를 발달하게 하고 논리력, 분석력을 키워 줍니다.

▶ 한자가 갖는 문자학적 특징은 조어력, 의미 함축성, 의미 명시성이 있습니다. 이미 만들어진 한자와 한자를 결합하여 새로운 단어를 만드는 조어력, 의미를 함축적으로 표현할 수 있는 의미 함축성, 의미가 바로 드러나는 의미 명시성이 있습니다.

한자 학습의 연구가 활발히 이루어지는 일본에서는 한자 학습의 시기가 빠를수록 좋다고 합니다. 그것은 우뇌 발달 시기인 6세 이전에 표의문자를 더 쉽게 받아들일 수 있으며, 초등학교 1학년 때가 가장 높은 효과를 보인다는 주장입니다. 그러므로 어른들의 관점으로 한자가 유아들에게 어렵다는 편견은 버려야 하며 한글을 어느 정도 읽을 수 있는 시기라면 한자 학습의 적기라고 할 수 있습니다.

● 기탄한자는 어떻게 구성되었나요?

▶ 기탄한자는 그림과 놀이로 시작하는 기초 한자 과정에서부터 고전명저의 명문장까지 한자 학습의 체계를 세우는 프로그램입니다. 중학교 교육용 한자 900자의 범위에서 기초한자(낱자)과정 ➜ 조어(교과서 한자어)과정 ➜ 문장(고전)과정의 학습까지 한자 학습의 체계를 세우는 학습목표로 개발되었습니다.

▶ 기초한자(낱자)과정(A단계~D단계)에서는 한자를 처음 시작하는 유아에서 한자 학습의 경험이 없는 초등학교 2학년생을 대상으로 상형자, 지사자 등 쉬운 개념의 기초한자 168자를 익히게 됩니다.
시각 이미지를 통한 그림한자의 각인과 다양한 부교재를 통한 놀이 학습으로 재미있게 학습하는 특성을 지니고 있습니다. 또, 최고의 일러스트와 세련된 디자인으로 아동의 정서적 심미감을 기를 수 있는 프로그램입니다. 기존의 한자 교재와는 차별화된 학습 효과를 얻을 수 있습니다.

▶ 조어(교과서 한자어)과정(E단계~G단계)에서는 총 90여권의 초등학교 교과서에 쓰인 모든 한자어를 사용 빈도와 한자 난이도에 따라 분석한 방대한 양의 데이터베이스를 갖추어 156자의 학습 한자와 530여 한자어를 선정하였습니다.

신출 한자와 이미 학습한 기출 한자를 조합하여 새로운 어휘를 만들어 내는 무궁무진한 조어(造語)의 원리를 아이가 스스로 깨달아 이해력과 어휘력이 높은 아이로 자라나게 해줍니다. 또 단편적인 한자 암기 학습에서 벗어나 국어, 수학, 사회, 과학 영역의 다양한 예문 학습과 창작 동화, 인물, 시, 신문, 고전이야기 등의 학습으로 학교 수업에 자신감을 길러 주고 나아가 어휘력, 사고력 향상으로 논술의 기초 능력까지 배양해 줍니다.

구성내용

A·B단계 교재별 구성내용은 이렇습니다

◆ 기탄한자 **A단계** 호별 학습 내용 및 부교재

집	호		학습 한자	학습 한자어	부교재
1집	1	1a ~ 12a	山, 川, 日	강산, 등산/ 하천, 산천/ 口기, 日월	한자 모형 놀이 한자 카드 한자어 카드
	2	13a ~ 24a	月, 火, 水	반월, 月급/ 火산, 火재/ 水영장, 水요일	
	3	25a ~ 36a	木, 金, 土	木수, 식木일/ 金구, 황金/ 국土, 土지	
	4	37a ~ 48a	복습+놀이 학습	복습	
2집	5	49a ~ 60a	一, 二, 三	一등, 통一/ 二학급, 二학년/ 三각형, 三총사	한자 창열기 놀이 한자 카드 한자어 카드
	6	61a ~ 72a	四, 五, 六	四방, 四계절/ 五선지, 五월/ 六학년, 六반	
	7	73a ~ 84a	七, 八, 九	북두七성, 七면조/ 八도강산, 八방미인/ 九관조, 九구단	
	8	85a ~ 96a	복습+놀이 학습	복습	
3집	9	97a ~ 108a	十, 百, 千	十자가, 十월/ 百점, 百화점/ 千자문, 千리마	한자 파노라마 놀이 한자 카드 한자어 카드
	10	109a ~ 120a	耳, 目, 口	耳목, 耳비인후과/ 제目, 면目/ 식口, 출입口	
	11	121a ~ 132a	人, 手, 足	人간, 人형/ 手술, 선手/ 足구, 수足	
	12	133a ~ 144a	복습+놀이 학습	복습	
4집	13	145a ~ 156a	田, 石, 玉	유田, 대田/ 石공, 石굴암/ 백玉, 玉동자	한자 브로마이드 한자 카드
	14	157a ~ 168a	力, 大, 小	인力거, 풍力/ 大학생, 大가족/ 小아과, 小인국	
	15	169a ~ 180a	上, 中, 下	上의, 上행선/ 中국, 中심/ 下교, 下인	
	16	181a ~ 192a	복습+총괄 평가+놀이 학습	복습	

◆ 기탄한자 **B단계** 호별 학습 내용 및 부교재

집	호		학습 한자	학습 한자어	부교재
1집	1	1a ~ 12a	犬, 牛, 羊	충犬, 애犬/ 牛유, 牛마차/ 羊모, 백羊	한자 모형 놀이 한자 카드 한자어 카드
	2	13a ~ 24a	父, 母, 子	父모, 父자/ 母녀, 학부母/ 子녀, 여子	
	3	25a ~ 36a	生, 心, 身	生일, 선生/ 心신, 안心/ 身체, 身장	
	4	37a ~ 48a	복습+놀이 학습	복습	
2집	5	49a ~ 60a	車, 士, 己	車도, 자전車/ 군士, 박士/ 자己, 극己	한자 창열기 놀이 한자 카드 한자어 카드
	6	61a ~ 72a	自, 工, 門	自동차, 自연/ 목工, 工장/ 대門, 창門	
	7	73a ~ 84a	刀, 王, 白	단刀, 은장刀/ 王자, 국王/ 白지, 흑白	
	8	85a ~ 96a	복습+놀이 학습	복습	
3집	9	97a ~ 108a	魚, 貝, 鳥	인魚, 魚항/ 貝물, 貝총/ 백鳥, 길鳥	한자 파노라마 놀이 한자 카드 한자어 카드
	10	109a ~ 120a	主, 册, 雨	主인, 主객/ 册상, 공册/ 雨산, 雨의	
	11	121a ~ 132a	風, 里, 竹	風차, 강風/ 里장, 里정표/ 竹림, 竹도	
	12	133a ~ 144a	복습+놀이 학습	복습	
4집	13	145a ~ 156a	草, 花, 馬	약草, 草가/ 무궁花, 花원/ 경馬장, 馬부	한자 브로마이드 한자 카드
	14	157a ~ 168a	男, 女, 夕	男녀, 미男/ 소女, 선女/ 夕양, 추夕	
	15	169a ~ 180a	舌, 齒, 面	작舌차, 舌음/ 齒과, 충齒/ 가面, 수面	
	16	181a ~ 192a	복습+총괄 평가+놀이 학습	복습	

C·D단계 교재별 구성내용은 이렇습니다

◆ 기탄한자 C단계 호별 학습 내용 및 부교재

집	호		학습 한자	학습 한자어	부교재
1집	1	1a ~ 12a	文, 化, 言, 才	文人, 文臣/ 化石, 문化/ 言語/ 言論/ 多才, 천才	한자 맞추기 놀이 한자 카드 한자어 카드
	2	13a ~ 24a	兄, 弟, 交, 友	兄弟, 학부兄/ 의형弟, 弟子/ 交통, 외交/ 交友, 전友	
	3	25a ~ 36a	多, 少, 血, 肉	多情, 多少/ 少女, 노少/ 심血, 血육/ 肉食, 肉身	
	4	37a ~ 48a	복습+놀이 학습	복습	
2집	5	49a ~ 60a	出, 入, 內, 外	出口, 出생/ 入口, 出入/ 국內, 차內/ 외國, 內外	한자 병풍 놀이 한자 카드 한자어 카드
	6	61a ~ 72a	去, 來, 立, 坐	去來, 과去/ 來일, 未來/ 자立, 立동/ 정坐	
	7	73a ~ 84a	光, 明, 行, 步	光명, 풍光/ 문明, 明月/ 신行, 行진/ 步병, 步행	
	8	85a ~ 96a	복습+놀이 학습	복습	
3집	9	97a ~ 108a	天, 地, 江, 河	天사, 天국/ 천地, 地구/ 江산, 江촌/ 河천, 은河수	한자 주사위 놀이 한자 카드 한자어 카드
	10	109a ~ 120a	毛, 皮, 角, 蟲	毛피, 양毛/ 목皮, 皮혁/ 녹角, 직角/ 초蟲, 해蟲	
	11	121a ~ 132a	古, 今, 衣, 食	古목, 古서/ 고今, 今일/ 우衣, 하衣/ 외食, 초食	
	12	133a ~ 144a	복습+놀이 학습	복습	
4집	13	145a ~ 156a	君, 臣, 兵, 卒	君주, 君신/ 臣하, 충臣/ 兵사, 兵력/ 卒병, 卒업	한자 브로마이드 한자 카드
	14	157a ~ 168a	方, 向, 左, 右	지方, 方향/ 풍向, 남向/ 左우, 左향左/ 右회전, 좌右명	
	15	169a ~ 180a	本, 末, 分, 合	근本, 本인/ 末일, 本末/ 分교, 分수/ 合창, 合심	
	16	181a ~ 192a	복습+총괄 평가+놀이 학습	복습	

◆ 기탄한자 D단계 호별 학습 내용 및 부교재

집	호		학습 한자	학습 한자어	부교재
1집	1	1a ~ 12a	靑, 赤, 音, 色	靑산, 靑년/ 赤색, 赤십자/ 音악, 音색/ 백色, 色지	한자 맞추기 놀이 한자 카드 한자어 카드
	2	13a ~ 24a	住, 所, 姓, 名	의식住, 住택/ 所감, 장所/ 姓명, 백姓/ 名작, 지名	
	3	25a ~ 36a	利, 用, 有, 無	利용, 예利/ 공用, 식用/ 有견, 소有/ 無인도, 無례	
	4	37a ~ 48a	복습+놀이 학습	복습	
2집	5	49a ~ 60a	公, 平, 意, 思	公공, 公무원/ 平화, 平야/ 意견, 동意/ 思고, 思상	한자 병풍 놀이 한자 카드 한자어 카드
	6	61a ~ 72a	老, 弱, 貧, 富	老인, 원老/ 弱세, 노弱/ 貧약, 貧혈/ 富귀, 富자	
	7	73a ~ 84a	正, 直, 忠, 孝	正직, 正답/ 直선, 直각/ 忠성, 忠언/ 孝도, 孝녀	
	8	85a ~ 96a	복습+놀이 학습	복습	
3집	9	97a ~ 108a	前, 後, 走, 止	역前, 오前/ 오後, 식後/ 활走로, 경走/ 止혈, 금止	한자 주사위 놀이 한자 카드 한자어 카드
	10	109a ~ 120a	法, 道, 完, 全	法률, 法원/ 道로, 道덕/ 完승, 完성/ 全국, 안全	
	11	121a ~ 132a	善, 惡, 長, 短	善악, 善행/ 惡마, 惡몽/ 長검, 사長/ 장短, 短명	
	12	133a ~ 144a	복습+놀이 학습	복습	
4집	13	145a ~ 156a	世, 界, 國, 家	世계, 출世/ 외界, 정界/ 國왕, 國어/ 家족, 작家	한자 브로마이드 한자 카드
	14	157a ~ 168a	東, 西, 見, 聞	東서남북, 東해/ 西구, 西부/ 발見, 見학/ 신聞, 풍聞	
	15	169a ~ 180a	南, 北, 兒, 童	南극, 南대문/ 北극, 北상/ 유兒, 兒동/ 목童, 童화	
	16	181a ~ 192a	복습+총괄 평가+놀이 학습	복습	

구성내용

E단계 교재별 구성내용은 이렇습니다

◆ 기탄교과서한자 E단계 호별 학습 내용 및 부교재

집	호		학습 한자	학습 한자어		심화 영역		부교재
1집	1	1a~16a	寸京品市	寸 : 四寸, 外三寸, 四寸間 品 : 食品, 用品, 作品	京 : 上京, 京畿道, 京仁線 市 : 市内, 市場, 市立	창작동화 고사성어 시	소중한 지폐 한 장 1 水魚之交 사랑스런 추억 - 윤동주	한자 카드 쓰기보따리 형성평가
	2	17a~32a	巨具各曲	巨 : 巨人, 巨大, 巨木 各 : 各各, 各自, 各國	具 : 家具, 道具, 用具 曲 : 作曲, 曲線, 行進曲	창작동화 고사성어 시	소중한 지폐 한 장 2 他山之石 봄 - 빅토르 위고	
	3	33a~48a	可由原因	可 : 可能, 可決, 不可能 原 : 原子力, 原因, 草原	由 : 自由, 由來, 理由 因 : 原因, 因果, 要因	창작동화 고사성어 시	슬기로운 재판 1 見物生心 절정 - 이육사	
	4	49a~64a	복습	복습		창작동화 고사성어 시	슬기로운 재판 2 漁夫之利 동방의 등불 - 타고르	
2집	5	65a~80a	同求失反	同 : 同生, 同行, 合同 失 : 失手, 失明, 失言	求 : 求心力, 要求, 求人 反 : 反面, 反省, 反共	창작동화 고사성어 시	닭이 사람과 함께 살게 된 이유 1 五十步百步 접동새 - 김소월	한자 카드 쓰기보따리 형성평가
	6	81a~96a	告共首民	告 : 忠告, 原告, 告白 首 : 自首, 首弟子, 首相	共 : 共同, 公共, 共生 民 : 市民, 國民, 民心	창작동화 고사성어 시	닭이 사람과 함께 살게 된 이유 2 登龍門 눈 내린 아침 - 이인로	
	7	97a~112a	元先年回	元 : 元日, 元金, 元來 年 : 少年, 靑年, 一年	先 : 先生, 先山, 先王 回 : 一回用品, 河回, 回轉	창작동화 고사성어 시	쇠를 먹는 쥐 1 馬耳東風 눈 오는 저녁 - 김소월	
	8	113a~128a	복습	복습		창작동화 고사성어 시	쇠를 먹는 쥐 2 白眉 만돌이 - 윤동주	
3집	9	129a~144a	不非未必	不 : 不足, 不公平, 不平 未 : 未安, 未來, 未完成	非 : 非行, 是非, 非常口 必 : 必要, 生必品, 不必要	창작동화 고사성어 시	세 친구 1 多多益善 삶이 그대를 속일지라도 - 푸슈킨	한자 카드 쓰기보따리 형성평가
	10	145a~160a	知加字幸	知 : 知人, 知己, 告知 字 : 文字, 數字, 十字	加 : 加入, 加味, 加工 幸 : 多幸, 不幸, 幸福	창작동화 고사성어 시	세 친구 2 聞一知十 집 - 김영랑	
	11	161a~176a	表形味香	表 : 表面, 表情, 表明 味 : 意味, 風味, 口味	形 : 人形, 三角形, 地形 香 : 香水, 香氣, 香	창작동화 고사성어 시	꿀강아지 1 知音 올벼 고개 숙이고 - 이현보	
	12	177a~192a	복습	복습		창작동화 고사성어 시	꿀강아지 2 竹馬故友 행복 - 한용운	
4집	13	193a~208a	星軍相和	星 : 行星, 天王星, 北斗七星 相 : 首相, 人相, 色相	軍 : 軍人, 國軍, 軍士 和 : 平和, 和音, 共和國	창작동화 고사성어 시	흰 코끼리의 전설 千里眼 나그네의 밤 노래 - 괴테	한자 카드 쓰기보따리 형성평가
	14	209a~224a	單別命祖	單 : 單元, 名單, 食單 命 : 生命, 人命, 命令	別 : 別名, 別世, 分別 祖 : 先祖, 祖上, 祖父母	창작동화 고사성어 시	뱀이 기어 다니게 된 이유 1 朝三暮四 말 없는 청산이오 - 성혼	
	15	225a~240a	居章異再	居 : 住居, 居室, 同居 異 : 異常, 異意, 大同小異	章 : 文章, 圖章, 樂章 再 : 再生, 再活用, 再三	창작동화 고사성어 시	뱀이 기어 다니게 된 이유 2 一擧兩得 〈사랑〉을 사랑하여요 - 한용운	
	16	241a~256a	복습	복습		창작동화 고사성어 시	뱀이 기어 다니게 된 이유 3 溫故知新 삶의 아침인사 - 애너 리티셔 바볼드	

F단계 교재별 구성내용은 이렇습니다

◆ 기탄교과서한자 F단계 호별 학습 내용 및 부교재

집	호		학습 한자	학습 한자어		심화 영역		부교재
1집	1	1a~16a	仁仙信休	仁 : 仁川, 仁祖, 仁君 信 : 信用, 自信, 信念	仙 : 仙女, 水仙花, 仙人 休 : 公休日, 休火山, 休息	창작동화 고사성어 전래동화	달밤에 얻은 행운 1 天高馬肥 빨간부채 파란부채	한자 카드 쓰기보따리 형성평가
	2	17a~32a	安宅官容	安 : 未安, 安心, 安全 官 : 法官, 官家, 外交官	宅 : 住宅, 自宅, 宅地 容 : 容恕, 內容, 美容	창작동화 고사성어 전래동화	달밤에 얻은 행운 2 大器晚成 사만년을 산 사람	
	3	33a~48a	海洋漁洗	海 : 地中海, 東海, 海外 漁 : 漁夫, 漁村, 出漁	洋 : 東洋, 西洋, 海洋 洗 : 洗手, 洗車, 洗面	창작동화 고사성어 전래동화	백일홍이야기 1 孟母三遷 소금을 만드는 맷돌	
	4	49a~64a	복습	복습		창작동화 고사성어 전래동화	백일홍이야기 2 蛇足 우렁각시	
2집	5	65a~80a	他位俗保	他 : 他人, 他地, 自他 俗 : 民俗, 風俗, 世俗	位 : 方位, 品位, 單位 保 : 保全, 安保, 保有	창작동화 고사성어 전래동화	꾀 많은 장님 1 梁上君子 꼭두각시와 목도령	한자 카드 쓰기보따리 형성평가
	6	81a~96a	守室客定	守 : 守則, 保守, 守兵 客 : 主客, 客室, 客地	室 : 室內, 居室, 王室 定 : 一定, 決定, 安定	창작동화 고사성어 전래동화	꾀 많은 장님 2 良藥苦於口 잊으라 한 건 안 잊고	
	7	97a~112a	林村材校	林 : 山林, 國有林, 竹林 材 : 木材, 石材, 人材	村 : 山村, 漁村, 民俗村 校 : 下校, 校長, 校門	창작동화 고사성어 전래동화	바보 영웅 이야기 1 座右銘 반쪽이	
	8	113a~128a	복습	복습		창작동화 고사성어 전래동화	바보 영웅 이야기 2 矛盾 고양이와 푸른 구슬	
3집	9	129a~144a	決洞注流	決 : 決定, 決心, 可決 注 : 注文, 注意, 注目	洞 : 洞口, 洞長, 仁寺洞 流 : 上流, 交流, 流行	창작동화 고사성어 전래동화	괴물 잡은 이발사 同床異夢 임자가 따로 있는 요술 궤짝	한자 카드 쓰기보따리 형성평가
	10	145a~160a	便作使代	便 : 便利, 便安, 大便 使 : 使用, 天使, 使臣	作 : 作心三日, 作用, 作品 代 : 古代, 代表, 代身	창작동화 고사성어 전래동화	수수께끼 하나 結草報恩 배나무골 이도령	
	11	161a~176a	念志感想	念 : 信念, 記念, 一念 感 : 共感, 自信感, 所感	志 : 意志, 同志, 志士 想 : 回想, 思想, 感想	창작동화 고사성어 전래동화	행운을 찾아다니는 사나이 1 井中之蛙 하늘 나라 밭 구경	
	12	177a~192a	복습	복습		창작동화 고사성어 전래동화	행운을 찾아다니는 사나이 2 近墨者黑 송뭉치 꼬리가 된 토끼	
4집	13	193a~208a	計記語詩	計 : 時計, 合計, 生計 語 : 用語, 國語, 言語	記 : 日記, 記入, 記念 詩 : 童詩, 詩人, 三行詩	창작동화 고사성어 전래동화	그림자 없는 탑 1 有備無患 은혜 갚은 까치	한자 카드 쓰기보따리 형성평가
	14	209a~224a	情性進造	情 : 人情, 友情, 心情 進 : 行進, 進出, 先進國	性 : 性品, 性情, 女性 造 : 造成, 造形, 人造	창작동화 고사성어 전래동화	그림자 없는 탑 2 走馬看山 두 개가 된 금덩이	
	15	225a~240a	始好雲雪	始 : 始作, 元始, 始祖 雲 : 星雲, 白雲, 靑雲	好 : 同好人, 好意, 好感 雪 : 白雪, 雪景, 雪山	창작동화 고사성어 전래동화	그림자 없는 탑 3 螢雪之功 구렁이 신랑	
	16	241a~256a	복습	복습		창작동화 고사성어 전래동화	그림자 없는 탑 4 苦盡甘來 바리공주	

구성내용

G단계 교재별 구성내용은 이렇습니다

◆ 기탄교과서한자 G단계 호별 학습 내용 및 부교재

집	호		학습 한자	학습 한자어	심화 영역		부교재
1집	1	1a~16a	果實夫婦美	果: 成果, 果實, 靑果, 無花果　實: 行實, 實力, 實生活, 口實　夫: 工夫, 夫子, 夫人, 漁夫　婦: 主婦, 夫婦, 婦人, 婦女子　美: 美化員, 美國人, 美人, 美化	인물	마크 트웨인	한자 카드 쓰기보따리 형성평가
					창작동화	소가 끌라준 새 신랑 1	
					고사성어	改過遷善	
					기사문	돈 더 버는 아내 집안일 더 한다	
	2	17a~32a	重要活動得	重: 重要, 所重, 貴重, 重大　要: 必要, 主要, 要求, 要所　活: 活用, 生活, 活字, 活力　動: 活動, 行動, 動力, 動作　得: 所得, 利得, 得失	인물	어네스트 톰슨 시튼	
					창작동화	소가 끌라준 새 신랑 2	
					고사성어	錦衣還鄕	
					기사문	컬러식품 좋아좋아	
	3	33a~48a	夜景成功者	夜: 夜食, 白夜, 夜光, 夜行　景: 風景, 光景, 山景, 雪景　成: 成長, 作成, 合成, 完成　功: 成功, 功臣, 年功, 功力　者: 記者, 富者, 步行者, 老弱者	인물	에디슨	
					창작동화	소가 끌라준 새 신랑 3	
					고사성어	管鮑之交	
					기사문	日 간사이 5색 체험관광	
	4	49a~64a	복습	복습	인물	퀴리부인	
					창작동화	소가 끌라준 새 신랑 4	
					고사성어	刻舟求劍	
					기사문	재교육기관 노크 해보자	
2집	5	65a~80a	時間空氣集	時: 日時, 時代, 同時, 時計　間: 人間, 山間, 時間, 中間　空: 空中, 空間, 空册, 空想　氣: 空氣, 香氣, 日氣, 大氣　集: 文集, 集中, 詩集, 集合	인물	장영실	한자 카드 쓰기보따리 형성평가
					창작동화	거짓말 시합 1	
					고사성어	刮目相對	
					기사문	귀성길 차 안에서 게임 한판	
	6	81a~96a	現在協商事	現: 表現, 現金, 現地, 出現　在: 現在, 所在, 在京, 在來　協: 協同, 協力, 協心, 協定　商: 商人, 商品, 商去來, 協商　事: 人事, 行事, 工事, 記事	인물	록펠러	
					창작동화	거짓말 시합 2	
					고사성어	吳越同舟	
					기사문	폴크스바겐 노·사 대협상	
	7	97a~112a	社會技能部	社: 社長, 會社, 社交, 入社　會: 大會, 社會, 面會, 立會　技: 長技, 技法, 技術, 技能　能: 技能, 能力, 可能, 才能　部: 部分, 一部分, 外部, 一部	인물	콜럼버스	
					창작동화	말 잘 듣는 효자 1	
					고사성어	羊頭狗肉	
					기사문	국가중대사 국민합의가 필요	
	8	113a~128a	복습	복습	인물	앙리 뒤낭	
					창작동화	말 잘 듣는 효자 2	
					고사성어	完璧	
					기사문	시동 걸면 주행정보 쫙~	
3집	9	129a~144a	問答登場省	問: 問安, 問題, 反問　答: 問答, 答信, 正答, 回答　登: 登山, 登校, 登用　場: 市場, 工場, 入場, 場面　省: 反省, 自省, 省墓	인물	리스트	한자 카드 쓰기보따리 형성평가
					창작동화	냄새 맡은 값 1	
					고사성어	指鹿爲馬	
					기사문	침체의 잠에 취한 라인강의 기적	
	10	145a~160a	春夏秋冬溫	春: 春川, 春香, 立春, 靑春　夏: 立夏, 春夏, 夏至　秋: 秋夕, 秋風, 春秋　冬: 冬至, 立冬, 春夏秋冬　溫: 氣溫, 溫室, 溫水	인물	김홍도	
					창작동화	냄새 맡은 값 2	
					고사성어	塞翁之馬	
					기사문	스키장 잘 넘어져야 안 다친다	
	11	161a~176a	貴愛病死敬	貴: 貴重, 高貴, 富貴, 貴人　愛: 友愛, 愛國, 愛人, 愛犬　病: 問病, 白血病, 病室, 病名　死: 生死, 死亡者, 不死身, 病死　敬: 恭敬, 敬老, 敬老席, 敬語	인물	안중근	
					창작동화	아버지의 유서 1	
					고사성어	難兄難弟	
					기사문	은행나무 천국 부석사 가는길	
	12	177a~192a	복습	복습	인물	황희	
					창작동화	아버지의 유서 2	
					고사성어	四面楚歌	
					기사문	서울과 워싱턴 마음을 열 때다	
4집	13	193a~208a	物件發電書	物: 古物, 文物, 人物　件: 物件, 事件, 用件　發: 發生, 出發, 發明, 發見　電: 電力, 電子, 電車, 電氣　書: 文書, 古書, 書名	인물	벤자민 프랭클린	한자 카드 쓰기보따리 형성평가
					창작동화	선행과 쾌락 1	
					고사성어	三顧草廬	
					기사문	대한민국은 배달천국	
	14	209a~224a	高低苦樂朝	高: 高音, 高溫, 高貴, 高見　低: 低溫, 低下, 低利, 低學年　苦: 苦生, 苦心, 苦行　樂: 音樂, 安樂, 樂山　朝: 王朝, 朝夕, 朝會	인물	루소	
					창작동화	선행과 쾌락 2	
					고사성어	脣亡齒寒	
					기사문	중소기업 그곳에도 길이 있다	
	15	225a~240a	眞理學習賞	眞: 眞情, 眞金, 眞心　理: 心理, 原理, 眞理, 一理　學: 學年, 學生, 入學, 見學　習: 學習, 風習, 自習　賞: 賞品, 孝行賞, 大賞, 賞金	인물	전봉준	
					창작동화	아가씨와 우유 1	
					고사성어	守株待兎	
					기사문	들리지! 눈 쌓은 숲 생명의 소리	
	16	241a~256a	복습	복습	인물	뢴트겐	
					창작동화	아가씨와 우유 2	
					고사성어	臥薪嘗膽	
					기사문	물건값 계산 … 약도 그리기 …	

학부모 여러분, 〈기탄한자〉는 이렇게 지도해 주세요

1. 학습자의 능력보다 낮은 단계에서 시작하세요.

기탄한자 A~G단계는 기초 한자부터 초등학교 교과서에 쓰인 한자어를 학습하는 프로그램입니다. 한글을 아는 유아에서부터 한자 학습의 경험이 있는 초등학교 6학년 학생을 대상으로 개발되었습니다. 그러나 한자 학습의 경험이 있는 아이라도, 학습자의 경험이나 능력보다 낮은 단계에서 시작하는 것이 바람직합니다. 특히 각 단계의 1집부터 순차적으로 학습해 나가는 것은 매우 중요합니다. 간혹 학부모님의 판단에 따라 단계의 생략은 가능하지만 2, 3집부터 시작하는 것은 옳지 않은 진도 진행입니다. 아이가 학습에 부담을 느끼지 않고 한자 공부는 쉽고 재미있다는 느낌을 가질 수 있도록 A단계 1집에서부터 시작하는 것이 가장 이상적인 출발점입니다.

2. 복습호는 반드시 부모님이 함께 해 주세요.

각 집(권)마다 앞서 배운 한자의 복습호가 구성되어 있습니다. 복습호에서는 항상 형성평가를 실시하여 학습 수용도를 점검합니다. 이 때 부모님이 반드시 채점을 해 주시고, 결과에 따라 적절한 칭찬과 동기유발이 필요합니다. 또 복습주마다 구성된 놀잇감(A~D단계)으로 아이와 함께 놀아 주세요.

3. 교재 구입 즉시 분책하여 사용하세요.

〈기탄한자〉는 구입 즉시 분책하여 사용할 수 있도록 매주 학습할 분량이 별도의 책으로 특수제본(4in1시스템)되어 있습니다. 보통 책은 1번 제본하는 것으로 끝나지만 〈기탄한자〉는 무려 5번의 제본 과정을 거쳐 제작되었습니다. 각 호가 끝날 때마다 새 책으로 공부하게 되므로 아이에게 성취감과 기대감을 갖게 하고 학습 효과도 극대화시켜 줍니다.

4. 매일 일정한 시간에 규칙적으로 학습하게 하세요.

하루 5~10분을 학습하더라도 규칙적으로 학습하는 것이 중요합니다. 1호 분량이 1주일(5일) 학습 분량이므로 한 번에 억지로 하지 않게 하고, 반대로 너무 많은 양을 한꺼번에 하는 것도 좋지 않습니다. 어렸을 때부터 조금씩 매일매일 공부하는 습관을 길러 주도록 합니다.

5. 부모님이 직접 지도해 주세요.

〈기탄한자〉는 교사 방문 학습지와는 달리 아이 스스로 공부하고 부모님이 체크하는 자율적인 학습 모델을 채택하고 있습니다. 따라서 타 학습지 회사에서는 지도교사에게만 제공하는 지도 지침을 해당 호에 상세히 실었습니다. 각 호의 첫 장에 실린 '이렇게 도와주세요', '이번 주 학습포인트' 에서는 한 주 동안의 지도 요점이 기재되어 있고, 각 페이지의 하단에도 지도 요점, 주의 사항 등을 기재하였습니다. 학부모님들이 〈기탄한자〉의 기획의도, 학습목표, 지도방법 등을 쉽게 이해하고 아이들에게 가르치기 편하도록 최대한 배려하였습니다.

6. 이미 익힌 한자는 아이가 실생활 속에서 활용하게 하세요.

아이가 이미 익힌 한자는 실생활 속에서 최대한 많은 사용 기회를 갖게 해 줍니다. 알았던 한자도 오랫동안 사용하지 않으면 잊혀지게 됩니다. 학습된 한자를 신문, 책, 대중매체, 인쇄물 등을 활용하여 확인하게 하고 글을 쓸 때 알고 있는 한자로 표현해 볼 기회를 자주 갖도록 합니다.

단계별 학습 한자와 한자능력검정시험 급수 배정 안내

단계	학습 한자	급수 응시 가이드
A단계	• 8급 : 山, 日, 月, 火, 水, 木, 金, 土, 一, 二, 三, 四, 五, 六, 七, 八, 九, 十, 人, 大, 小, 中 • 7급 : 川, 百, 千, 口, 手, 足, 力, 上, 下 • 6급·6급II : 目, 石 • 5급 : 耳 • 4급II : 田, 玉	A단계에서는 상형자, 지사자 중심의 기초한자 36자를 익혔습니다. 이는 한자능력검정시험 배정한자 중 **8급, 7급 배정한자 31자**와 **상위급수 한자 5자**가 포함됩니다. 학습자의 학년, 나이, 학습수용도에 따라 8급, 7급 이내에서 응시용 수험서(기탄급수한자 빨리따기)로 준비한 후 자격증 취득에 도전해 보세요.
B단계	• 8급 : 父, 母, 生, 門, 王, 白, 女 • 7급 : 子, 心, 車, 自, 工, 主, 里, 草, 花, 男, 夕, 面 • 6급·6급II : 身, 風 • 5급 : 牛, 士, 己, 魚, 雨, 馬 • 4급II : 羊, 鳥, 竹, 齒 • 4급 : 犬, 册, 舌 • 3급II : 刀 • 3급 : 貝	B단계에서는 상형자, 지사자 중심의 기초한자 36자를 익혔습니다. 이는 A단계 학습 한자부터 누적하면 한자능력검정시험 배정한자 중 **8급, 7급 배정한자 50자**와 **상위급수 한자 22자**가 포함됩니다. 학습자의 학년, 나이, 학습수용도에 따라 8급, 7급 이내에서 응시용 수험서(기탄급수한자 빨리따기)로 준비한 후 자격증 취득에 도전해 보세요.
C단계	• 8급 : 兄, 弟, 外 • 7급 : 文, 少, 出, 入, 內, 來, 立, 天, 地, 江, 食, 方, 左, 右 • 6급·6급II : 言, 才, 交, 多, 光, 明, 行, 角, 古, 今, 衣, 向, 本, 分, 合 • 5급 : 化, 友, 去, 河, 臣, 兵, 卒, 末 • 4급II : 血, 肉, 步, 毛, 蟲 • 4급 : 君 • 3급II : 坐, 皮	C단계에서는 형성자, 회의자를 중심으로 48자의 기초한자를 익혔습니다. 이는 A단계 학습 한자부터 누적하면 한자능력검정시험 배정한자 중 **7급 배정한자 67자, 6급·6급II 배정한자 86자**와 **상위급수 한자 34자**를 익혔습니다. 학습자의 학년, 나이, 학습수용도에 따라 7급, 6급·6급II 이내에서 응시용 수험서(기탄급수한자 빨리따기)로 준비한 후 자격증 취득에 도전해 보세요.
D단계	• 8급 : 靑, 長, 國, 東, 西, 南, 北 • 7급 : 色, 住, 所, 姓, 名, 有, 平, 老, 正, 直, 孝, 前, 後, 道, 全, 世, 家 • 6급·6급II : 音, 利, 用, 公, 意, 弱, 短, 界, 聞, 童 • 5급 : 赤, 無, 思, 止, 法, 完, 善, 惡, 見, 兒 • 4급II : 貧, 富, 忠, 走	D단계에서는 형성자, 회의자를 중심으로 48자의 기초한자를 익혔습니다. 이는 A단계 학습 한자부터 누적하면 한자능력검정시험 배정한자 중 **7급 배정한자 91자, 6급·6급II 배정한자 120자**와 **상위급수 한자 48자**를 익혔습니다. 학습자의 학년, 나이, 학습수용도에 따라 7급, 6급·6급II 이내에서 응시용 수험서(기탄급수한자 빨리따기)로 준비한 후 자격증 취득에 도전해 보세요.
E단계	• 8급 : 寸, 民, 先, 年, 軍 • 7급 : 市, 同, 不, 字, 命, 祖 • 6급·6급II : 京, 各, 由, 失, 反, 共, 幸, 表, 形, 和, 別, 章 • 5급 : 品, 具, 曲, 可, 原, 因, 告, 首, 元, 必, 知, 加, 相, 再 • 4급II : 求, 回, 非, 未, 味, 香, 星, 單 • 4급 : 巨, 居, 異	E단계에서는 형성자, 회의자를 중심으로 48자의 필수한자를 익혔습니다. 이는 A단계 학습 한자부터 누적하면 한자능력검정시험 배정한자 중 **7급 배정한자 102자, 6급·6급II 배정한자 143자**와 **상위급수 한자 73자**를 익혔습니다. 학습자의 학년, 나이, 학습수용도에 따라 6급·6급II, 5급 이내에서 응시용 수험서(기탄급수한자 빨리따기)로 준비한 후 자격증 취득에 도전해 보세요.
F단계	• 8급 : 室, 校 • 7급 : 休, 安, 海, 林, 村, 洞, 便, 記, 語 • 6급·6급II : 信, 洋, 定, 注, 作, 使, 代, 感, 計, 始, 雪 • 5급 : 仙, 宅, 漁, 洗, 他, 位, 客, 材, 決, 流, 念, 情, 性, 雲 • 4급II : 官, 容, 俗, 保, 守, 志, 想, 詩, 進, 造, 好 • 4급 : 仁	F단계에서는 형성자, 회의자를 중심으로 48자의 필수한자를 익혔습니다. 이는 A단계 학습 한자부터 누적하면 한자능력검정시험 배정한자 중 **7급 배정한자 113자, 6급·6급II 배정한자 165자**와 **상위급수 한자 99자**를 익혔습니다. 학습자의 학년, 나이, 학습수용도에 따라 6급·6급II, 5급 이내에서 응시용 수험서(기탄급수한자 빨리따기)로 준비한 후 자격증 취득에 도전해 보세요.
G단계	• 8급 : 學 • 7급 : 夫, 重, 活, 動, 時, 間, 空, 氣, 事, 問, 答, 登, 場, 春, 夏, 秋, 冬, 物, 電 • 6급·6급II : 果, 美, 夜, 成, 功, 者, 集, 現, 在, 社, 會, 部, 省, 溫, 愛, 病, 死, 發, 書, 高, 苦, 樂, 朝, 理, 習 • 5급 : 實, 要, 景, 商, 技, 能, 貴, 敬, 件, 賞 • 4급II : 婦, 得, 協, 低, 眞	G단계에서는 형성자, 회의자를 중심으로 60자의 필수한자를 익혔습니다. 이는 A단계 학습 한자부터 누적하면 한자능력검정시험 배정한자 중 **7급 배정한자 133자, 6급·6급II 배정한자 210자**와 **상위급수 한자 114자**를 익혔습니다. 학습자의 학년, 나이, 학습수용도에 따라 6급·6급II, 5급 이내에서 응시용 수험서(기탄급수한자 빨리따기)로 준비한 후 자격증 취득에 도전해 보세요.

※ 이 표는 기탄한자 학습 후 한자능력검정시험 자격증 취득의 연계를 위한 지침입니다. 학습자의 학습경험이나 상태에 따라 개별적인 지침이 달라질 수 있습니다.

9 호

기탄교과서한자 F단계 3집 129a~144a

F3집
129a-192a

4 in 1 시스템

기탄교과서한자는 학습효과를 극대화하기 위해 매주 학습할 분량이 별도의 책으로 특수제본되어 있습니다.

본 교재는 1권의 책 속에 1주일 학습할 분량의 교재 4권이 들어 있는 4 in 1 시스템으로 제본되어 있습니다. 따라서 4권의 책으로 분리되는 것이 정상적인 제본이며, 호별로 빼내어 학습하시면 아주 효과적입니다.

F3집
9호

129a - 144a

초등 교과서 한자어를 총체 분석한 어휘력 향상 한자 학습 프로그램

기탄 교과서 한자

공부한 날   월 일 ~ 월 일
           교   반
이름   전화

www.gitan.co.kr

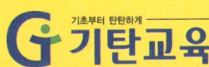

기초부터 탄탄하게
기탄교육

F단계 학습 한자 일람

	F단계						
1집	仁, 仙, 信, 休 安, 宅, 官, 容 海, 洋, 漁, 洗	2집	他, 位, 俗, 保 守, 室, 客, 定 林, 村, 材, 校	3집	決, 洞, 注, 流 便, 作, 使, 代 念, 志, 感, 想	4집	計, 記, 語, 詩 情, 性, 進, 造 始, 好, 雲, 雪
	복습		복습		복습		복습

학습 진단 관리표

	한자		한자어		이번 주는
	읽기	쓰기	읽기	쓰기	
금주평가	Ⓐ 아주 잘함	Ⓐ 아주 잘함	Ⓐ 아주 잘함	Ⓐ 아주 잘함	● 학습방법 ❶ 매일매일 ❷ 가끔 ❸ 한꺼번에 하였습니다.
	Ⓑ 잘함	Ⓑ 잘함	Ⓑ 잘함	Ⓑ 잘함	● 학습태도 ❶ 스스로 잘 ❷ 시켜서 억지로 하였습니다.
	Ⓒ 보통	Ⓒ 보통	Ⓒ 보통	Ⓒ 보통	● 학습흥미 ❶ 재미있게 ❷ 싫증내며 하였습니다.
	Ⓓ 노력해야 함	Ⓓ 노력해야 함	Ⓓ 노력해야 함	Ⓓ 노력해야 함	● 교재내용 ❶ 적합하다고 ❷ 어렵다고 ❸ 쉽다고 하였습니다.
	지도 교사가 부모님께				부모님이 지도 교사께

종합평가   Ⓐ 아주 잘함   Ⓑ 잘함   Ⓒ 보통   Ⓓ 노력해야 함

- 다시보기를 통하여 林, 村, 材, 校의 훈, 음, 형, 한자어를 복습합니다.
- 이번 주에 학습할 한자 決, 洞, 注, 流의 용례를 문장 속에서 찾아봅니다.
- 이번 주 학습한자의 공통점은 무엇인지 스스로 발견할 수 있습니다.

- 알아보기를 통하여 決, 洞, 注, 流의 3요소와 필순, 부수를 학습합니다.
- 부수가 공통적으로 氵(물 수)임을 알고 氵가 쓰인 한자는 물과 관련된 뜻을 나타냄을 알 수 있습니다.

- 만화로 고사성어 同床異夢의 뜻과 쓰임을 알아보고 적절한 때 사용할 수 있습니다.
- 決, 洞과 다른 한자를 결합하여 만든 決定, 決心, 仁寺洞, 洞口 등의 한자어를 익힙니다.
- 造語(조어) 원리를 깨달아 決, 洞과 다른 한자를 결합하여 새로운 한자어를 만들어 봅니다.

- 동화 '괴물 잡은 이발사'를 읽고 학습한 한자를 문장 속에 활용해서 익힙니다.
- 注, 流를 파자(나누어서 이해함)하여 뜻부분과 음부분으로 나누어 기억합니다.

- 전래동화 '임자가 따로 있는 요술 궤짝'을 읽고 이야기 속에서 한자를 익혀봅니다.
- 풀어보기, 형성평가를 통해 학습 한자를 정리하고 읽을거리 '생선을 너무너무 좋아한 사람'을 읽고 임연수어의 어원을 알아봅니다.

1. 다음 빈 칸에 알맞게 쓰세요.

| 林 | 수풀 | | | 村 | | 촌 |
| 材 | | 재 | | | 학교 | 교 |

2. 다음 빈 칸에 알맞은 훈음을 쓰세요.

木 + 寸 → 村 마을 촌

木 + 交 → 校

木 + 木 → 林

木 + 才 → 材

3. 다음 보기 에서 알맞은 한자어를 찾아 쓰세요.

> 보기: 校門　　石材　　漁村　　山林

漁村 : 어민이 모여 사는 바닷가에 있는 마을

☐ : 산과 숲. 산에 있는 숲

☐ : 학교의 정문

☐ : 토목, 건축 및 비석 조각 따위의 재료로 쓰는 돌

4. 다음 보기 에서 알맞은 음을 찾아 쓰세요.

> 보기: 교장　　산촌　　죽림　　인재

- 人材 ☐☐ 를 발굴하고 육성하자!
- 이 고장은 竹林 ☐☐ 이 아름다운 것으로 유명하다.
- 山村 ☐☐ 에서 살기에는 불편한 점이 많다.
- 우리 학교 校長 ☐☐ 선생님은 매우 자상하신 분이다.

決이 쓰인 문장을 읽고 빈 칸에 한자어의 음을 쓰세요.

영훈이가 던진 마지막 골이 우리팀의 승리를 **決定(결정)**해 주었다.

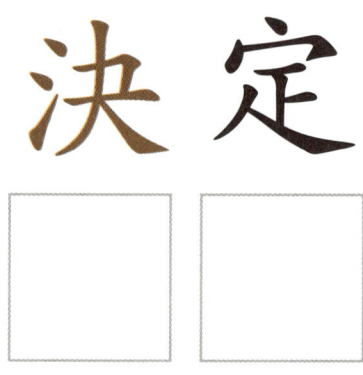

재훈이는 남을 위해 봉사하는 데 노력을 아끼지 않은 분들에 관한 책을 매주 한 권씩 읽기로 **決心(결심)**했습니다.

定 : 정할 정(F2-6)   心 : 마음 심(B1-3)

洞 찾아보기

洞이 쓰인 문장을 읽고 빈 칸에 한자어의 음을 쓰세요.

우리 전통 문화를 쉽게 접할 수 있는 **仁寺洞(인사동)**은 평소에도 외국인들이 많이 찾는 곳이다.

仁 寺 洞
☐ ☐ ☐

洞口(동구) 밖 과수원길 아카시아 꽃이 활짝 폈네. 하얀 꽃 이파리 눈송이처럼 날리네. 향긋한 꽃냄새가 실바람 타고 솔솔.

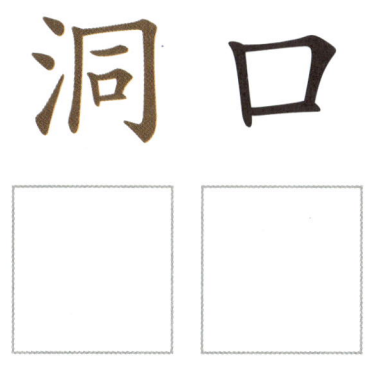

洞 口
☐ ☐

확인하기   仁 : 어질 인(F1-1)   寺 : 절 사   口 : 입 구(A3-10)

기탄한자 F3-130b

注가 쓰인 문장을 읽고 빈 칸에 한자어의 음을 쓰세요.

인터넷이나 수신자 부담 전화로 **注文(주문)**을 받아 바로 벼를 찧어 신속하게 배달해, 쌀의 신선도를 최대한으로 유지하고 있다.

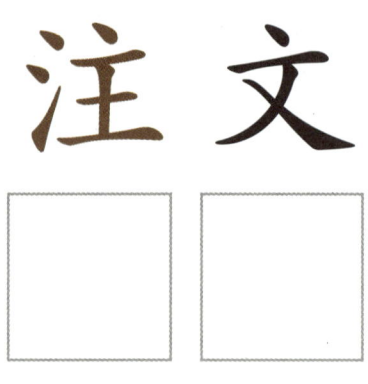

겨울철에는 가열 기구에 화상을 입거나 화재가 발생하지 않도록 **注意(주의)**해야 합니다.

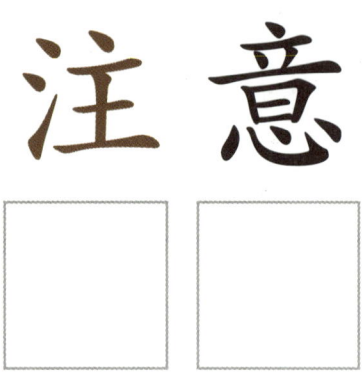

확인하기   文 : 글월 문(C1-1)   意 : 뜻 의(D2-5)

流가 쓰인 문장을 읽고 빈 칸에 한자어의 음을 쓰세요.

강의 **上流(상류)**에 있는 마을에서 온천 개발을 시작하면서 두 마을 주민들 간에 갈등이 일어났다.

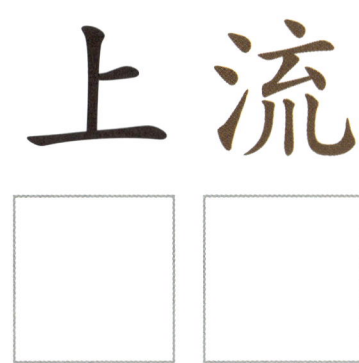

공항은 국가간이나 민간의 많은 **交流(교류)**가 이루어지는 장소이다.

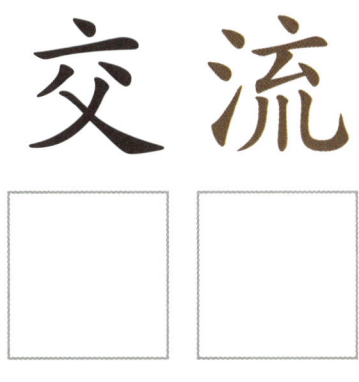

上 : 위 상(A4-15) 　交 : 사귈 교(C1-2)

決 알아보기

決의 훈과 음을 읽어 보세요.

훈: 결단할 음: 결

決이 만들어진 유래를 알아보세요.

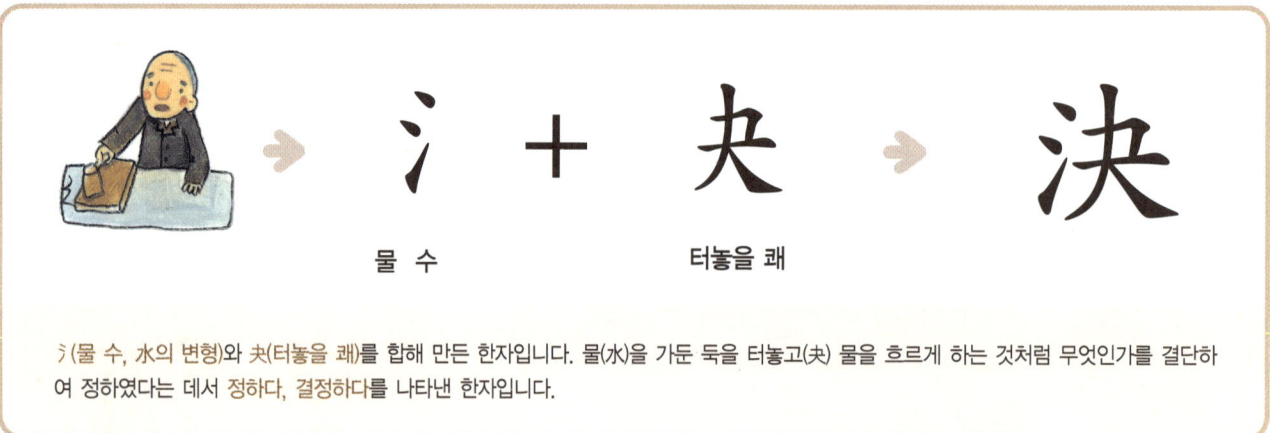

氵(물 수, 水의 변형)와 夬(터놓을 쾌)를 합해 만든 한자입니다. 물(水)을 가둔 둑을 터놓고(夬) 물을 흐르게 하는 것처럼 무엇인가를 결단하여 정하였다는 데서 정하다, 결정하다를 나타낸 한자입니다.

빈 칸에 알맞게 쓰세요.

決은 ☐ (물 수)와 夬 (터놓을 쾌)를 합한 한자로
훈은 ☐ 이고, 음은 ☐ 입니다.

확인하기 水 : 물 수(A1-2) 夬 : 터놓을 쾌 • 이번 주에는 氵가 공통적으로 부수로 쓰인 한자를 익힙니다.
• 夬는 깍지 낀 손을 본뜬 한자로 팽팽한 활시위를 놓다는 뜻에서 '터뜨리다, 터지다'의 뜻이 생겨났습니다.

🌙 決의 부수와 총획수를 알아보고 빈 칸에 알맞게 쓰세요.

決
결단할 결

부수 - 氵　　　총획 - 7획

▶ 氵는 '물 수' 입니다.
▶ 氵는 한자의 왼쪽에 쓰이면 '삼수변' 으로 읽습니다.

· 決의 **훈**은 ☐ 이고, **음**은 ☐ 입니다.
· 決의 **부수**는 ☐ 이고, **총획**은 ☐ 입니다.

✏️ 決의 필순을 알아보고 알맞게 쓰세요.

丶 冫 氵 氵 汀 決 決

확인하기 · 水(氵)가 부수로 쓰인 한자는 물과 관련된 뜻을 지니고 있습니다.

洞 알아보기

🔎 洞의 훈과 음을 읽어 보세요.

훈: 고을/통할   음: 동/통

🔎 洞이 만들어진 유래를 알아보세요.

氵 + 同 → 洞

물 수   같을 동

氵(물 수, 水의 변형)와 同(같을 동)을 합해 만든 한자입니다. 원래는 동굴이나 골짜기 등의 뜻으로 쓰였습니다. 지금은 물이 있는 곳에 사람들이 모여 산다는 데서 마을, 고을을 뜻하게 되었습니다. 氵는 뜻이 되고 同이 음이 되었습니다.

🔎 빈 칸에 알맞게 쓰세요.

洞은 ☐ (물 수)와 ☐ (같을 동)을 합한 한자로
훈은 ☐ 이고, 음은 ☐ 입니다.

확인하기 水: 물 수(A1-2)   同: 같을 동(E2-5)
• 洞은 통하다, 꿰뚫다, 통찰하다의 뜻으로 쓰일 때는 '통'으로 읽습니다. 예) 洞察(통찰)

◉ 洞의 부수와 총획수를 알아보고 빈 칸에 알맞게 쓰세요.

洞
고을 동/통할 통

부수 - 氵　　총획 - 9획

▶ 氵는 '물 수' 입니다.
▶ 氵는 한자의 왼쪽에 쓰이면 '삼수변' 으로 읽습니다.

· 洞의 **훈**은 ☐ 이고, **음**은 ☐ 입니다.
· 洞의 **부수**는 ☐ 이고, **총획**은 ☐ 입니다.

◉ 洞의 필순을 알아보고 알맞게 쓰세요.

丶 氵 氵 汀 汩 洞 洞 洞

洞　洞　洞　洞

注의 훈과 음을 읽어 보세요.

훈 : 부을   음 : 주

注가 만들어진 유래를 알아보세요.

氵 물 수   主 주인 주

氵(물 수, 水의 변형)와 主(주인 주)가 합하여진 한자입니다. 물을 일정 기간 동안 모아 다른 용기에 퍼 옮긴다는 데서 물대다, 부어넣다를 뜻합니다. 氵는 뜻이 되었고, 主는 음이 되었습니다.

빈 칸에 알맞게 쓰세요.

注는 [   ](물 수)와 [   ](주인 주)를 합한 한자로

훈은 [   ]이고, 음은 [   ]입니다.

확인하기 水 : 물 수(A1-2)   主 : 주인 주(B3-10)   • 注는 논이나 기계 등에 물이나 기름 따위를 대는 것을 의미합니다.

注의 부수와 총획수를 알아보고 빈 칸에 알맞게 쓰세요.

注
부을 주

부수 - 氵   총획 - 8획

▶ 氵는 '물 수' 입니다.
▶ 氵는 한자의 왼쪽에 쓰이면 '삼수변' 으로 읽습니다.

· 注의 **훈**은 ☐ 이고, **음**은 ☐ 입니다.

· 注의 **부수**는 ☐ 이고, **총획**은 ☐ 입니다.

注의 필순을 알아보고 알맞게 쓰세요.

丶 丶 氵 氵 泞 泞 注 注

· 注와 住(살 주)는 모양이 비슷하므로 주의해야 합니다.   · 注의 필순은 丶 丶 氵 氵 泞 泞 注 注 의 순서로도 통용됩니다.

🔍 流의 훈과 음을 읽어 보세요.

流
훈 : 흐를 음 : 류

🔍 流가 만들어진 유래를 알아보세요.

氵 + 子 + 川 ➡ 流

물 수   아들 자   내 천

고대의 전통적인 장례 풍습의 하나인 수장을 표현하여 어린 아이가 물에 흘러가는 모양을 나타낸 한자입니다.
太(子의 변형)는 어린 아이가 거꾸로 놓여 있는 모양이고 氵와 巛(川의 변형)은 물이 흐르는 모양을 나타내어 흐르다, 떠내려가다를 뜻하게 되었습니다.

🔍 빈 칸에 알맞게 쓰세요.

流는 어린 아이가 물에 흘러가는 모양을 나타낸 한자로

훈은 ☐ 이고, 음은 ☐ 입니다.

확인하기 水 : 물 수(A1-2)   • 流가 단어의 첫음으로 쓰일 때는 '유' 라고 읽습니다. 예) 流行(유행)   • 수장(水葬) : 시체를 물 속에 넣어 장례를 치름.

🔍 流의 부수와 총획수를 알아보고 빈 칸에 알맞게 쓰세요.

流
흐를 류

부수 - 氵　　　총획 - 10획

▶ 氵는 '물 수' 입니다.
▶ 氵는 한자의 왼쪽에 쓰이면 '삼수변'으로 읽습니다.

· 流의 **훈**은 [　　] 이고, **음**은 [　　] 입니다.
· 流의 **부수**는 [　　] 이고, **총획**은 [　　] 입니다.

✍ 流의 필순을 알아보고 알맞게 쓰세요.

丶 丶 氵 氵 汁 汁 浐 浐 流 流

流　流　流　流

[확인하기] · 流 (氵부수 - 총 9획)는 流의 본자입니다.

同床異夢
동상이몽

同 : 같을 **동**　床 : 침상 **상**　異 : 다를 **이**　夢 : 꿈 **몽**

서로 같은 처지에 있으면서도 그 생각이나 이상이 다르거나, 겉으로는 함께 행동하면서도 속으로는 다른 생각을 갖는 것을 가리키는 성어입니다.

보기 와 같이 빈 칸에 알맞게 쓰세요.

1.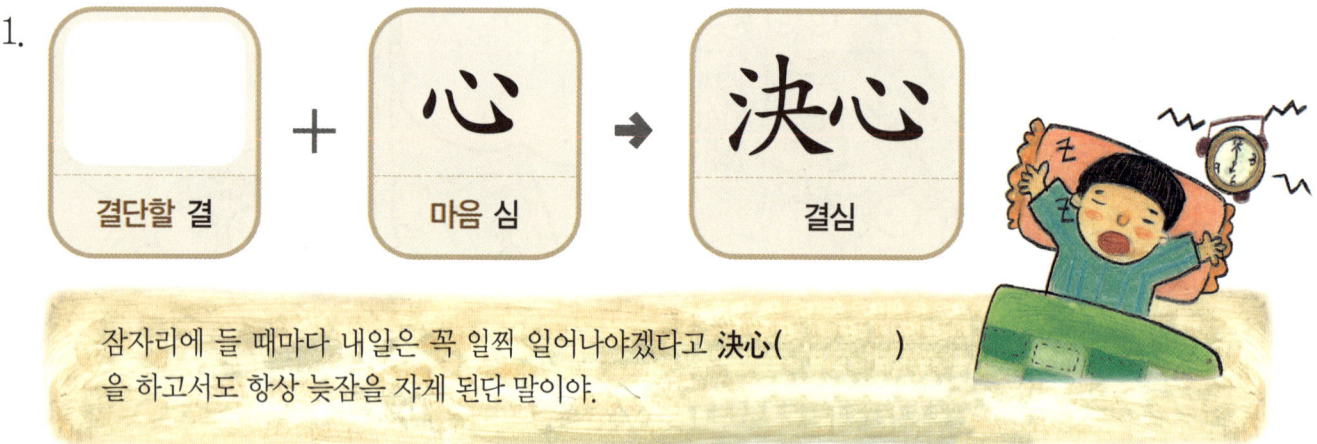

2.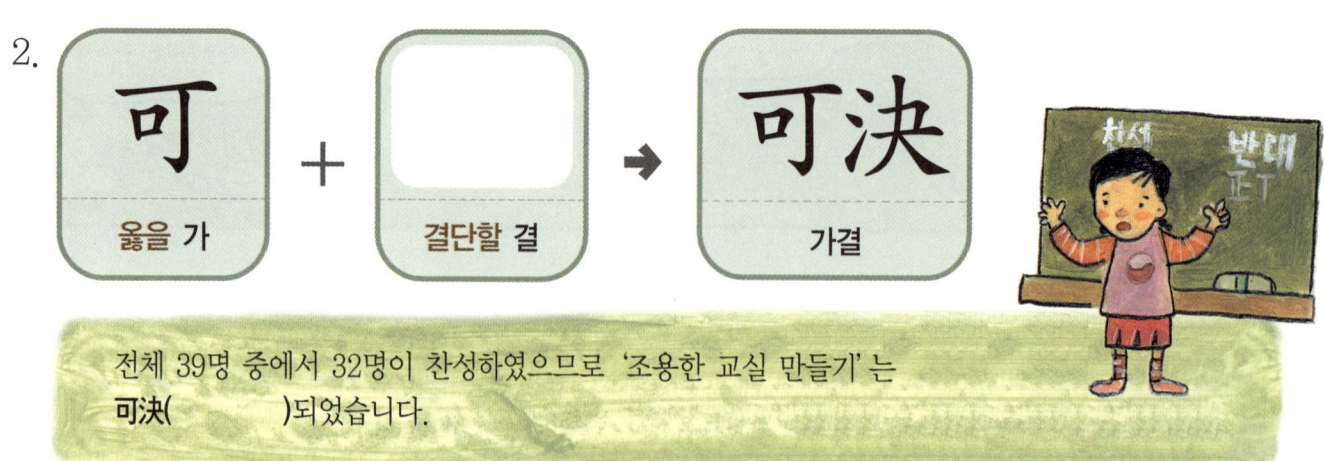

決을 필순에 맞게 쓰세요.

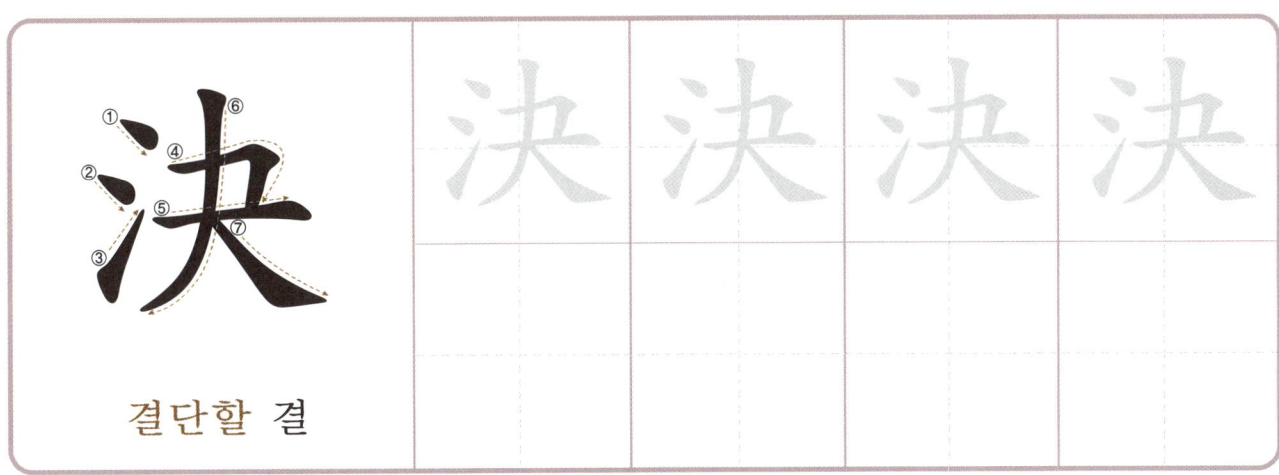

결단할 결

빈 칸에 決을 써 넣어 한자어를 만들고, 그 뜻을 읽어 보세요.

決定(결정) : 결단을 내려 확정함

決心(결심) : 마음을 굳게 작정함. 또는 그 작정한 마음

可決(가결) : 제출된 의안을 좋다고 인정하여 결정함

洞 으로 漢字語 만들기

보기 와 같이 빈 칸에 알맞게 쓰세요.

보기

洞	+	口	→	洞口
고을 동 통할 통		입 구		동구

그럴 때마다 우리는 팔랑개비처럼 신발짝을 돌리며 洞口(동구) 밖으로 뜀박질을 했다.

1.

동사무소를 찾아갔을 때 洞長(　　)님께서 반갑게 맞아 주셨습니다.
洞長님은 우리 동네의 사무를 총괄하시는 분입니다.

2.

仁寺洞(　　) 거리엔 추억거리들이 많다. 갖가지 골동품과 발걸음을 멈추게 하는 노점의 먹거리 등…… 이 거리에 서기만 해도 옛날로 가는 타임머신을 탄 것만 같다.

口 : 입 구(A3-10)　　長 : 길/어른 장(D3-11)　　仁 : 어질 인(F1-1)　　寺 : 절 사

洞을 필순에 맞게 쓰세요.

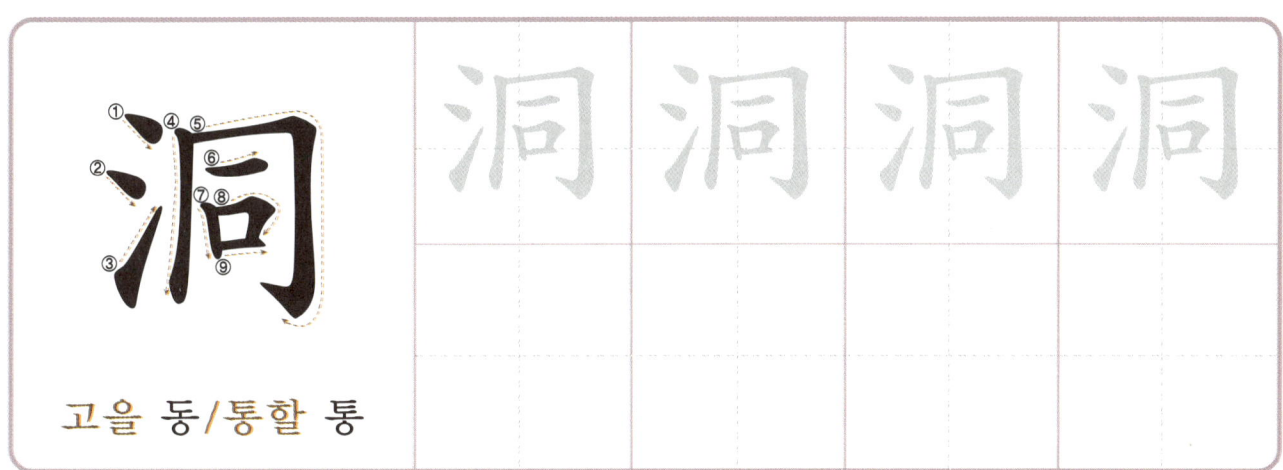

고을 동/통할 통

빈 칸에 洞을 써 넣어 한자어를 만들고, 그 뜻을 읽어 보세요.

洞口(동구) : 동네 어귀

洞長(동장) : 동의 사무를 통괄하는 사람

仁寺　　　仁寺

仁寺洞(인사동) : 서울시 종로구에 있는 전통 공예 가게가 많은 곳

술술술 漢字동화

동화를 읽고 보기 에서 알맞은 한자나 음을 찾아 쓰세요.

괴물 잡은 이발사

어느 마을에 홀어머니를 모시고 사는 이발사가 있었습니다.

머리 깎는 솜씨는 一流 [ ][ ] 였지만 일거리가 없어 항상 가난했지요.

어느 날 이발사는 다른 고을 [ ] 로 가 일을 구해 보기로 決心 [ ][ ] 했습니다.

자루 속에 거울과 빗, 가위를 집어 넣고 길을 떠났지요. 한참 가다 보니 다리가 아팠습니다. 주위를 둘러보니 나무등걸이 하나 보였습니다. 피곤했던 이발사는 깜빡 잠이 들었지요.

그런데 그 곳은 괴물의 집이었어요.

보기
일류   결심   洞   주목

"겁도 없이 남의 집에서 자다니! 널 잡아먹겠다!" 하지만 이발사는 정신을 차리고
"하하! 너 잘 만났다. 네 놈이 아마 열 번째지?" 그러고는 거울을 들이댔지요.

"자, 注目 □□ 해라. 조금 전 저쪽 나무등걸에서 잡은 네 친구다.

이 자루 속엔 더 많이 들어 있지."

이발사가 자루를 흔들자 짤각짤각 하는 가위 소리가 났습니다.

괴물이 듣기에는 그 소리가 친구의 울음 소리 같았습니다.

"아이고, 살려 주세요. 원하는 것은 뭐든 들어드리겠습니다."

"그래? 그렇다면 오늘 밤 우리 집 창고에 쌀과 금화를 가득 채워라!"

그렇게 해서 부자가 된 이발사는 어머니를 모시고 평생 행복하게 살았답니다.

一 : 하나 일(A2-5)   心 : 마음 심(B1-3)   目 : 눈 목(A3-10)

注로 漢字語 만들기

보기 와 같이 빈 칸에 알맞게 쓰세요.

보기

注 (부을 주) + 文 (글월 문) → 注文 (주문)

어머니는 통신 판매 책자를 보고 조리 기구를 **注文(주문)**하셨다.

1. ☐ (부을 주) + 意 (뜻 의) → 注意 (주의)

과체중은 비만이라고 하는데, 이것은 모든 병의 원인이 되기 때문에 특히 **注意(   )**해야 합니다.

2. ☐ (부을 주) + 目 (눈 목) → 注目 (주목)

모든 아이들이 새로 전학 온 여자 아이에게 **注目(   )**하였습니다.

확인하기 文 : 글월 문(C1-1)   意 : 뜻 의(D2-5)   目 : 눈 목(A3-10)

注를 필순에 맞게 쓰세요.

부을 주

빈 칸에 注를 써 넣어 한자어를 만들고, 그 뜻을 읽어 보세요.

| | 文 | | 文 | | 文 |

注文(주문) : 물건을 만들거나 파는 사람에게 부탁하여 청구하거나 맞춤

| | 意 | | 意 | | 意 |

注意(주의) : 마음에 새겨 조심함

| | 目 | | 目 | | 目 |

注目(주목) : 눈길을 한곳에 모아서 봄

流로 漢字語 만들기

보기 와 같이 빈 칸에 알맞게 쓰세요.

보기
上(위 상) + 流(흐를 류) → 上流(상류)

강의 **上流(상류)**에 공장을 세우려고 하는 기업가와 하류에서 양식업을 하는 사람을 정하여 토론해 보자.

1.

交(사귈 교) + ☐(흐를 류) → 交流(교류)

세계 문화와 활발하게 **交流(　　)**하면서도 우리 문화의 전통을 잃어서는 안됩니다.

2.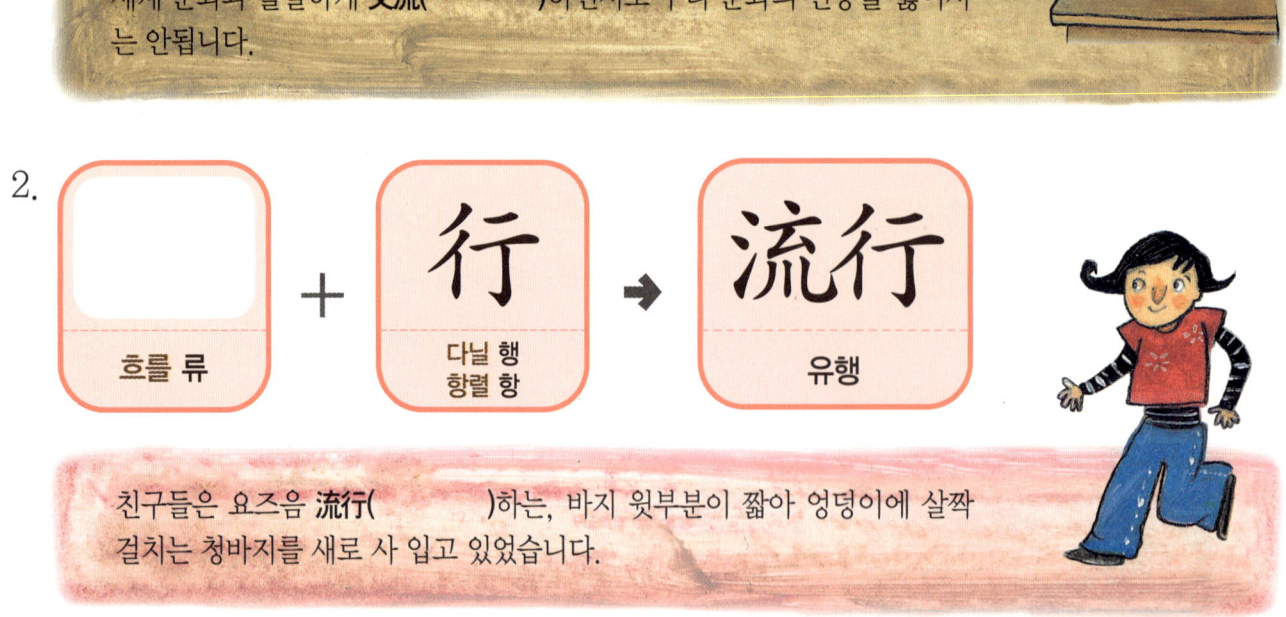

☐(흐를 류) + 行(다닐 행/항렬 항) → 流行(유행)

친구들은 요즈음 **流行(　　)**하는, 바지 윗부분이 짧아 엉덩이에 살짝 걸치는 청바지를 새로 사 입고 있었습니다.

확인하기 上 : 위 상(A4-15)　　交 : 사귈 교(C1-2)　　行 : 다닐/항렬 행/항(C2-7)　　• 流가 단어의 첫음으로 쓰일 때는 '유' 라고 읽습니다.

流를 필순에 맞게 쓰세요.

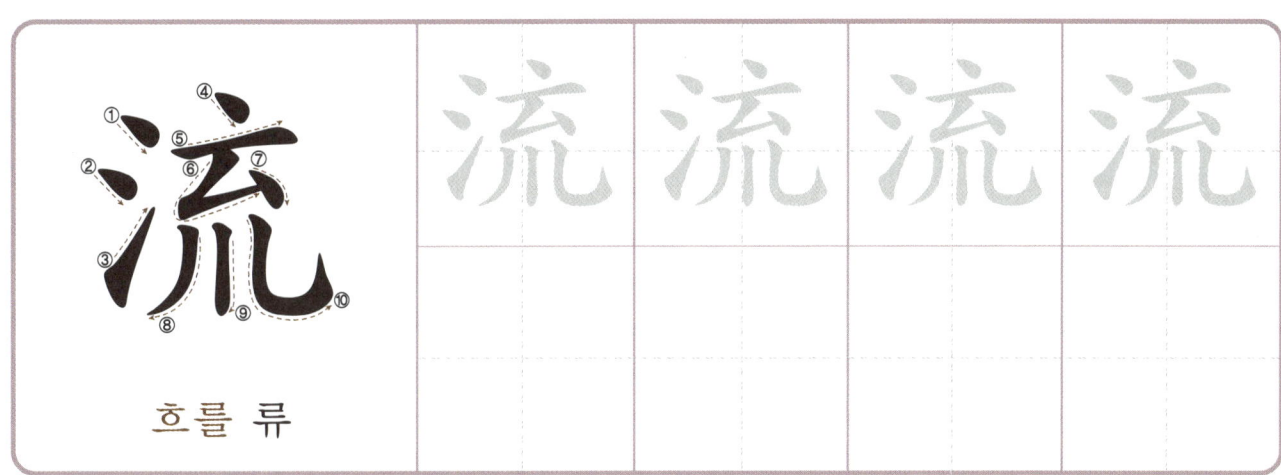

흐를 류

빈 칸에 流를 써 넣어 한자어를 만들고, 그 뜻을 읽어 보세요.

  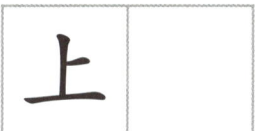 

上流(상류) : 강물 따위가 흘러내리는 위쪽. 또는 그 지역

交流(교류) : 서로 사귀어 주고받고 함

流行(유행) : 어떠한 양식이나 현상 등이 새로운 경향으로 한동안 사회에 널리 퍼짐. 또는 그런 경향

📖 전래동화를 읽고 물음에 답하세요.

임자가 따로 있는 요술 궤짝

옛날에 천석이라는 착한 사람이 살았어요. 어찌나 착했는지, 가난한 사람을 도와 주느라 자기 집은 쫄딱 망할 지경이었어요.
"아버지, 어머니, 저 돌아왔습니다."
식구들은 아무도 천석이를 반가워하지 않았어요. 천석이가 ㉠洞內의 불쌍한 사람을 도와 준다고 재산을 다 남들에게 줘버려, 집안이 망하고 말았기 때문이지요.
어느 날 천석이는 궤짝 하나를 들고 와 말했어요.
"아버지, 이제 걱정 마세요. 우리는 옛날처럼 부자가 될 수 있을 거예요."
"궤짝아, 우리 아버지께 맛있는 음식을 차려 드려라."
아버지 앞에는 순식간에 진수성찬이 차려졌습니다. 아버지는 너무 놀라서 기절할 뻔했어요.

그 궤짝은 착한 일을 많이 한 사람만 찾아 다니는 궤짝이었어요.
요술 궤짝 덕분에 천석이네 집이 부자가 되었다는 소식은 금세 널리 퍼졌습니다. 그러자 그 고을 원님은 이 천 석이나 되는 땅 문서를 내놓으며 말했어요.
"자, 이게 내 전 재산일세. 부디 그 궤짝을 내게 팔게나."
원님이 자꾸 조르자 천석이는 난처해졌어요. 만약 계속 팔지 않겠다고 버티다가 원님에게 미움을 사게 되면, 더 나쁜 일이 생길 수도 있거든요. 천석이는 하는 수 없이 궤짝을 원님에게 팔기로 ㉡결정했습니다.
그런데 천석이가 실수로 하지 않은 말이 하나 있었어요. 궤짝을 절대로 열어 보아서는 안 된다는 것이었지요. 원님은 궤짝 덕분에 큰 부자가 되긴 했지만, 어느 날 궁금한 나머지 궤짝을 열고 말았습니다.
그러자 그 속에서 온갖 도깨비와 귀신들이 나와 원님을 괴롭혔어요. 원님은 에그머니나 하고 깜짝 놀라 그 궤짝을 천석이에게 도로 돌려주었어요. 천석이가 아무리 받지 않으려 해도 소용 없었어요. 결국 궤짝은 다시 천석이의 것이 되었고, 천석이는 부자가 되어 행복하게 살았답니다.

1. ㉠의 음을 쓰세요.

2. ㉡을 한자로 바르게 쓴 것을 고르세요.
　① 決心　② 決定　③ 決正　④ 決井

이번 주에 배운 한자어를 넣어, 그림의 상황에 어울리게 짧은 글을 지어 보세요.

流行   注文

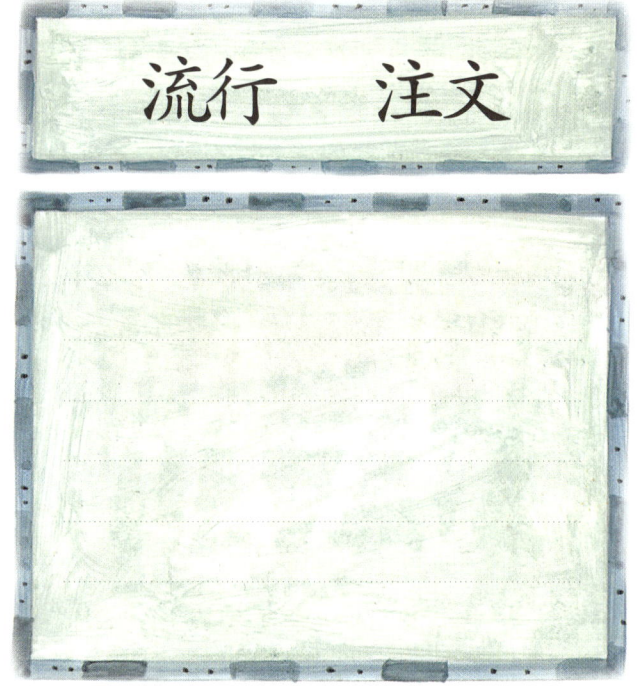

注目

1. 서로 관련 있는 것끼리 선으로 이으세요.

流 ・　　　・ 흐를 ・　　　・ 주

洞 ・　　　・ 고을 통할 ・　　　・ 결

注 ・　　　・ 결단할 ・　　　・ 동 통

決 ・　　　・ 부을 ・　　　・ 류

2. 다음 빈 칸에 공통적으로 들어갈 한자를 보기 에서 찾아 쓰세요.

| 보기 | 決　　洞　　注　　流 |

□문　　□의　　□목　　……　□

인사□　　□구　　□장　　……　□

□심　　□정　　가□　　……　□

상□　　교□　　□행　　……　□

3. 다음 밑줄 친 낱말의 뜻에 알맞은 한자를 쓰세요.

- **결정**(　　)을 서둘러 내려야 지시를 할 것 아닙니까?
- 우리 **동네**(　　)에 놀러 와!
- 나는 라면을 끓이기 위해 냄비에 물을 **부었다**(　　).
- 세월도 바닷물도 모두 **흘러**(　　) 간다.

4. 서로 관련 있는 것끼리 선으로 이으세요.

注	洞	決	流
氵-총10획	氵-총9획	氵-총8획	氵-총7획

5. 다음 빈 칸에 알맞은 한자어를 보기 에서 찾아 쓰세요.

> 보기　　交流　　決心　　注文　　洞口

- 자장면이 먹고 싶어 □(주)□(문) 했는데 30분 후에야 배달이 되었다.
- □(동)□(구) 밖 과수원 길 아카시아 꽃이 활짝 폈네.
- 아무리 방학이어도 내일부터는 일찍 일어나야겠다고 □(결)□(심) 했다.
- 우리 나라는 일본과 중국, 미국 등 여러 나라와 □(교)□(류) 하고 있다.

생선을 너무너무 좋아한 사람

옛날에 임연수라는 사람이 살았습니다. 그는 어찌나 생선을 좋아했는지, 생선 토막이 하나라도 밥상에 오르지 않으면 숟가락조차 들지 않았다고 합니다.
그런데 하루는 임연수가 생선을 집어 들다 말고 힘없이 젓가락을 내려놓았습니다. 하루 세 끼씩, 한 끼도 거르지 않고 꼬박꼬박 생선을 먹었더니 질려버렸던 것이었습니다.
"아니, 당신이 웬일이우? 생선을 마다하고."
임연수의 아내가 눈이 휘둥그레져서 물었습니다.
"무언가 색다른 게 없을까? 점점 식욕이 떨어져."
힘없이 밥상을 밀어내는 임연수의 모습은 보기에도 딱했습니다.
식욕을 잃은 임연수는 점차 말라갔습니다. 아내가 아무리 날마다 다른 생선들을 요리해서 갖다 바쳐도 절래절래 고개만 저었습니다.

그러던 어느 날이었습니다.
"응? 이건 처음 보는 생선인걸?"
임연수는 밥상에 오른 생선을 보고 놀라 아내에게 물었습니다.
"일부러 저 바닷가까지 가서 사 온 거예요. 맛이 있는지 한 번 드셔 보세요."
노릇노릇 구워진 생선은 보기만 해도 군침이 절로 돌았습니다.
"어디 맛 좀 볼까?"
젓가락으로 하얀 살을 한 입 먹어 본 임연수는 거의 까무라칠 뻔했습니다.
"세상에 이런 독특한 맛이 또 있을까! 앞으로 매일매일 이 생선을 구워 주구려. 이제야 살맛이 나는구먼."
그후로 이 임연수라는 사람이 이 물고기를 매일 낚았고, 너무너무 좋아했다고 해서 붙여진 이름이 바로 '임연수어(林延壽魚)' 입니다.
이 임연수어는 이름이 조금 변해서 지금은 '이면수' 라고도 불리고 있습니다.

林 : 수풀 림(F2-7)　　延 : 펼 연　　壽 : 목숨 수　　魚 : 물고기 어(B3-9)

 決 결단할 결

  洞 고을/통할 동/통

 注 부을 주

 流 흐를 류

決洞注流

결단할 결 고을/통할 동/통 부을 주 흐를 류

決洞注流

F단계 9호 해답

129a 1. 림, 마을, 재목, 校
2. 마을 촌, 학교 교, 수풀 림, 재목 재
129b 3. 漁村, 山林, 校門, 石材
4. 인재, 죽림, 산촌, 교장
130a 결정, 결심
130b 인사동, 동구
131a 주문, 주의
131b 상류, 교류
132a 氵, 결단할, 결
132b 결단할, 결, 氵, 7획
133a 氵, 同, 고을/통할, 동/통
133b 고을/통할, 동/통, 氵, 9획
134a 氵, 主, 부을, 주
134b 부을, 주, 氵, 8획
135a 흐를, 류
135b 흐를, 류, 氵, 10획
137a 1. 決, 결심   2. 決, 가결
137b 決, 決, 決
138a 1. 洞, 동장   2. 洞, 인사동
138b 洞, 洞, 洞
139a 일류, 洞, 결심
139b 주목
140a 1. 注, 주의   2. 注, 주목
140b 注, 注, 注
141a 1. 流, 교류   2. 流, 유행
141b 流, 流, 流
142a 1. 동내   2. ②

143a 1.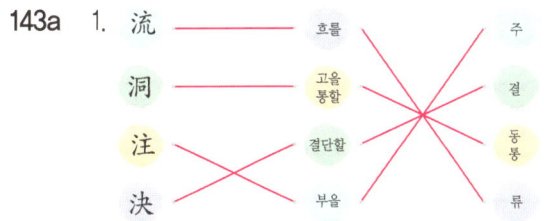
2. 注, 洞, 決, 流
143b 3. 決, 洞, 注, 流
4.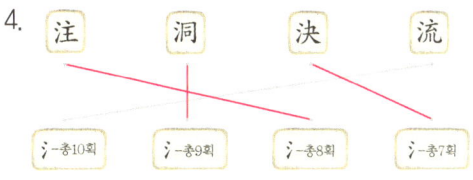
5. 注文, 洞口, 決心, 交流

형성평가

1. ②
2. ④
3. 洞, 고을/통할 동/통
4. 決
5. 가결
6. 주문
7. 교류
8. 동구
9. 洞口
10. 注意
11-14. 결정-決定, 동장-洞長, 주의-注意, 상류-上流
15. ②
16. ①
17. 決定
18. 洞長
19. 注目
20. 上流

펴낸이 : 정지향
펴낸곳 : (주)기탄교육
기획·편집·디자인 : 기탄교육연구소
주소 : 06698 서울특별시 서초구 효령로 40 기탄출판센터
등록 : 제2000-000098호
전화 : (02) 586-1007
팩스 : (02) 586-2337

※서점에 갈 시간이 없거나 구하기 어려운 분은 인터넷 또는 전화로 신청하세요. 즉시 우송해 드립니다.
● www.gitan.co.kr

ⓒ (주)기탄교육 All rights reserved.
저작권자의 동의 없이 본 교재를 무단으로 복제하거나 전재하는 것을 금합니다.

F 단계에서 배운 한자들

流 흐를 류

洞 고을/통할 동/통

決 결단할 결

注 부을 주

守 지킬 수	室 집 실	客 손님 객	定 정할 정	林 수풀 림	村 마을 촌	材 재목 재	校 학교 교
海 바다 해	洋 큰바다 양	漁 고기잡을 어	洗 씻을 세	他 다를 타	位 자리 위	俗 풍속 속	保 지킬 보
仁 어질 인	仙 신선 선	信 믿을 신	休 쉴 휴	安 편안 안	宅 집 택	官 벼슬 관	容 얼굴 용

받아쓰기

♥ 엄마가 한자나 한자어를 부르고 아이가 받아쓰도록 합니다.

10호

기탄교과서한자 F단계 3집 145a~160a

F3집
129a-192a

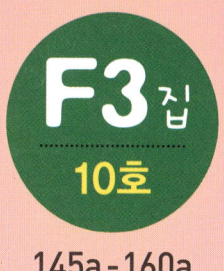

F3집
10호
145a - 160a

초등 교과서 한자어를 총체 분석한 어휘력 향상 한자 학습 프로그램

기탄 교과서 한자

공부한 날	월 일 ~ 월 일
	교 반
이름	전화

www.gitan.co.kr

F단계 학습 한자 일람

	F단계						
1집	仁, 仙, 信, 休	**2집**	他, 位, 俗, 保	**3집**	決, 洞, 注, 流	**4집**	計, 記, 語, 詩
	安, 宅, 官, 容		守, 室, 客, 定		便, 作, 使, 代		情, 性, 進, 造
	海, 洋, 漁, 洗		林, 村, 材, 校		念, 志, 感, 想		始, 好, 雲, 雪
	복습		복습		복습		복습

학습 진단 관리표

	한자		한자어		이번 주는	
	읽기	쓰기	읽기	쓰기		
금주평가	Ⓐ 아주 잘함	Ⓐ 아주 잘함	Ⓐ 아주 잘함	Ⓐ 아주 잘함	● 학습방법	❶ 매일매일 ❷ 가끔 ❸ 한꺼번에 하였습니다.
	Ⓑ 잘함	Ⓑ 잘함	Ⓑ 잘함	Ⓑ 잘함	● 학습태도	❶ 스스로 잘 ❷ 시켜서 억지로 하였습니다.
	Ⓒ 보통	Ⓒ 보통	Ⓒ 보통	Ⓒ 보통	● 학습흥미	❶ 재미있게 ❷ 싫증내며 하였습니다.
	Ⓓ 노력해야 함	Ⓓ 노력해야 함	Ⓓ 노력해야 함	Ⓓ 노력해야 함	● 교재내용	❶ 적합하다고 ❷ 어렵다고 ❸ 쉽다고 하였습니다.

지도 교사가 부모님께   부모님이 지도 교사께

종합평가	Ⓐ 아주 잘함	Ⓑ 잘함	Ⓒ 보통	Ⓓ 노력해야 함

이번 주 학습 포인트

1일차 (145a~147b)
- 다시보기를 통하여 決, 洞, 注, 流의 훈, 음, 형, 한자어를 복습합니다.
- 이번 주 학습할 便, 作, 使, 代의 용례를 문장 속에서 찾아봅니다.
- 이번 주 학습 한자의 공통점은 무엇인지 스스로 발견할 수 있습니다.

2일차 (148a~151b)
- 알아보기를 통하여 便, 作, 使, 代의 3요소와 필순, 부수를 학습합니다.
- 부수가 공통적으로 亻(사람 인)임을 알고 亻이 쓰인 한자는 사람과 관련된 뜻을 나타냄을 이해합니다.

3일차 (152a~154b)
- 만화로 고사성어 結草報恩의 뜻과 쓰임을 알아보고 적절하게 사용할 수 있습니다.
- 조어(造語) 원리를 깨달아 便, 作과 다른 한자를 결합하여 새로운 한자어를 만들어 봅니다.

4일차 (155a~157b)
- 동화 '수수께끼 하나'를 읽고 학습한 한자를 이야기 속에서 활용해 익힙니다.
- 使, 代를 파자(나누어서 이해함)하여 뜻부분과 음부분으로 나누어서 이해합니다.

5일차 (158a~160a)
- 전래동화 '배나무골 이도령'을 읽고 이야기 속에서 한자를 학습합니다.
- 풀어보기, 형성평가를 통해 학습 한자를 정리하고 '만두를 만든 제갈공명'을 읽고 만두의 유래를 알아봅니다.

1. 다음 빈 칸에 알맞게 쓰세요.

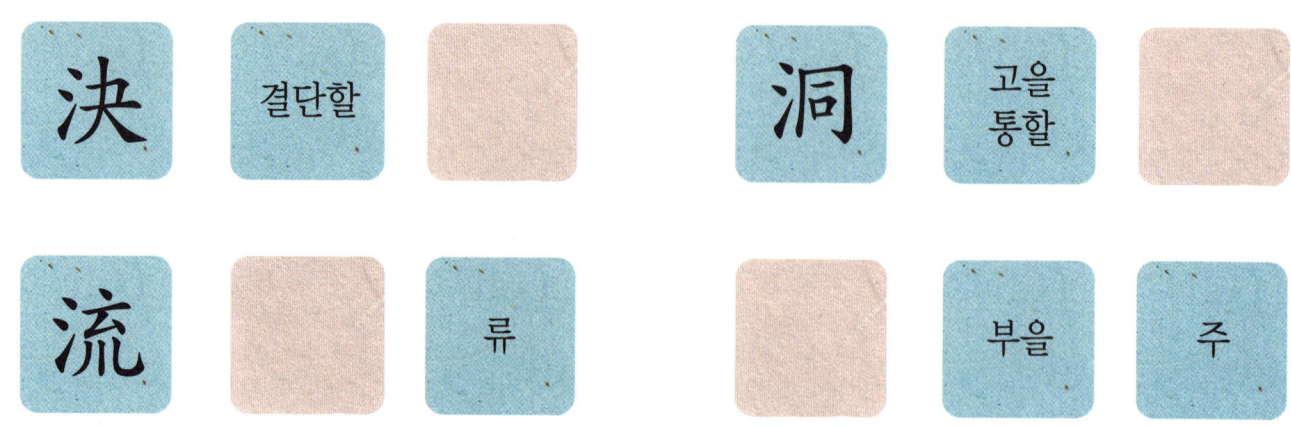

2. 다음 빈 칸에 알맞은 훈음을 쓰세요.

3. 다음 보기 에서 알맞은 한자어를 찾아 쓰세요.

보기: 決心　　洞口　　注目　　交流

- 注目 : 눈길을 한곳에 모아서 봄
- 決心 : 마음을 굳게 작정함. 또는 그 작정한 마음
- 洞口 : 동네 어귀
- 交流 : 서로 사귀어 주고받고 함

4. 다음 보기 에서 알맞은 음을 찾아 쓰세요.

보기: 유행　　주문　　동구　　결정

- 決定 결정 을 내려야 빨리 실행할 수 있다.
- 어두워질 무렵이면 洞口 동구 밖에 나와서 나를 기다리시던 엄마.
- 注文 주문 이 밀려서 야간 작업을 해야 하지만 매출이 늘 것을 생각하니 피곤함도 사라진다.
- 流行 유행 을 무조건 따라가는 것은 좋지 않다.

便이 쓰인 문장을 읽고 빈 칸에 한자어의 음을 쓰세요.

지역 주민들이 공공 시설을 이용하여 **便利(편리)**한 생활을 하기 위해서는 우리 고장의 경제를 더욱 발전시켜야 한다.

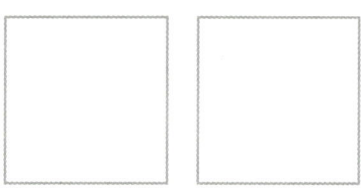

모든 사람이 **便安(편안)**하고 행복한 삶을 누리기 위해서는 우리 모두가 공정한 사회를 만들어야 한다.

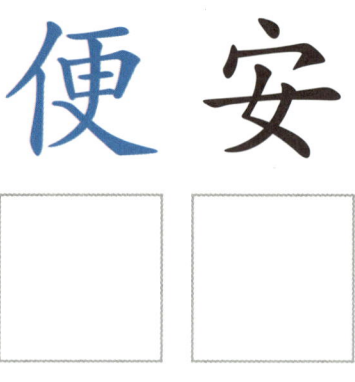

利 : 이로울 리(D1-3)   安 : 편안 안(F1-2)

찾아보기 作

作이 쓰인 문장을 읽고 빈 칸에 한자어의 음을 쓰세요.

민기의 독서 계획은 또 다시 **作心三日(작심삼일)**이 되고 말았다.

作心三日

피부는 몸의 온도를 조절해 주기도 하고 세균을 막는 **作用(작용)**을 합니다.

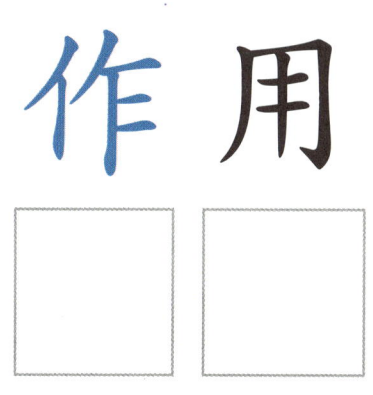

作用

확인하기 心 : 마음 심(B1-3)　　三 : 셋 삼(A2-5)　　日 : 날/해 일(A1-1)　　用 : 쓸 용(D1-3)

使가 쓰인 문장을 읽고 빈 칸에 한자어의 음을 쓰세요.

소금은 음식 맛을 내거나 염장 식품을 만드는 데 **使用(사용)**한다. 염장 식품은 수분을 빨아들여서 세균이 생기는 것을 막아 주는 소금의 성질을 이용한 식품이다.

할머니께서는 짐짓 무서운 얼굴을 하셨습니다. 그러나 내 눈에는 **天使(천사)**의 얼굴보다도 더 고와 보였습니다.

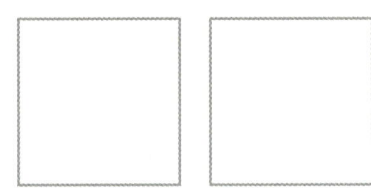

用 : 쓸 용(D1-3)   天 : 하늘 천(C3-9)

代가 쓰인 문장을 읽고 빈 칸에 한자어의 음을 쓰세요.

古代(고대) 로마에서는 병사들의 봉급으로 소금을 주기도 하였고, 중국에서는 세금으로 소금을 징수한 때도 있었다.

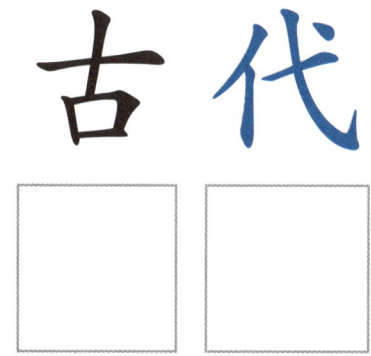

시청과 주민 **代表(대표)**들은 연료 단지 건설과 주민 피해 보상, 도로 포장을 포함한 지역 개발에 대한 합의를 이루었다.

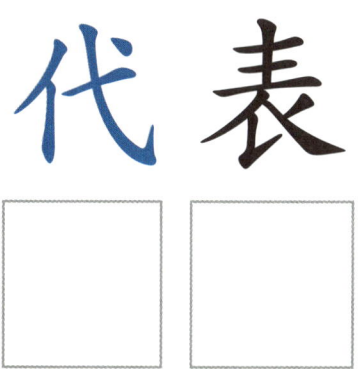

古 : 옛 고(C3-11)   表 : 겉 표(E3-11)

📖 便의 훈과 음을 읽어 보세요.

훈 : 편할/똥오줌   음 : 편/변

🔎 便이 만들어진 유래를 알아보세요.

> イ + 更 ➡ 便
>
> 사람 인   고칠 경
>
> イ(사람 인, 人의 변형)과 更(고칠 경)으로 이루어진 한자입니다. 更은 바로잡다, 고친다라는 뜻을 지니고 있으므로 곧 불편한 데를 고쳐서 편하게 한다는 뜻을 나타낸 한자입니다.

✏️ 빈 칸에 알맞게 쓰세요.

便은 □ (사람 인)과 □ 更 (고칠 경)을 합한 한자로
훈은 □ 이고, 음은 □ 입니다.

人 : 사람 인(A3-11)   更 : 고칠/다시 경/갱   • 이번 주에는 イ이 공통적으로 부수로 쓰인 한자를 익힙니다.

🌙 便의 부수와 총획수를 알아보고 빈 칸에 알맞게 쓰세요.

便
편할 편/똥오줌 변

부수 – 亻   총획 – 9획

▶ 亻은 '사람 인' 입니다.
▶ 亻은 한자의 왼쪽에 쓰이면 '사람 인변' 으로 읽습니다.

· 便의 **훈**은 [　　] 이고, **음**은 [　　] 입니다.
· 便의 **부수**는 [　　] 이고, **총획**은 [　　] 입니다.

✍ 便의 필순을 알아보고 알맞게 쓰세요.

ノ 亻 亻 亻 佰 佰 佰 便 便

📖 作의 훈과 음을 읽어 보세요.

훈: 지을   음: 작

🔍 作이 만들어진 유래를 알아보세요.

사람 인   지을 사

亻(사람 인, 人의 변형)과 乍(지을 사)로 이루어진 한자입니다. 乍는 짓다, 잠깐이란 뜻을 나타낸 한자로 사람(亻)이 옷감으로 옷을 지어서 (乍) 입는다는 데서 만들다, 짓다의 뜻을 나타낸 한자입니다.

✏️ 빈 칸에 알맞게 쓰세요.

作은 ☐ (사람 인) 과 乍 (지을 사) 를 합한 한자로
훈은 ☐ 이고, 음은 ☐ 입니다.

확인하기 人 : 사람 인(A3-11)   乍 : 잠깐/지을 사   • 作은 '짓다'라는 뜻으로 造(지을 조)와 비슷한 뜻입니다.

作의 부수와 총획수를 알아보고 빈 칸에 알맞게 쓰세요.

作 지을 작

부수 - 亻   총획 - 7획

▶ 亻은 '사람 인' 입니다.
▶ 亻은 한자의 왼쪽에 쓰이면 '사람 인변'으로 읽습니다.

· 作의 **훈**은 [　　] 이고, **음**은 [　　] 입니다.
· 作의 **부수**는 [　　] 이고, **총획**은 [　　] 입니다.

作의 필순을 알아보고 알맞게 쓰세요.

丿 亻 亻 亻 作 作 作

📖 使의 훈과 음을 읽어 보세요.

훈 : 하여금/부릴   음 : 사

使가 만들어진 유래를 알아보세요.

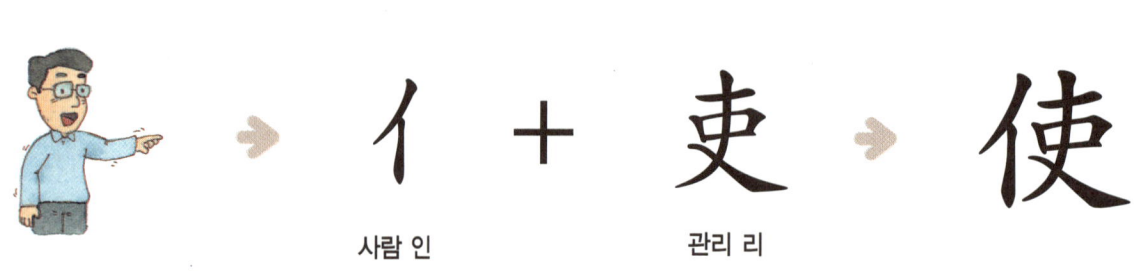

イ + 吏 → 使

사람 인   관리 리

イ(사람 인, 人의 변형)과 吏(관리 리)를 합해 만든 한자입니다. 吏는 관리를 뜻하며 관리는 보통 사람을 부린다는 데서, 이 한자는 부리다, 시키다의 뜻을 나타낸 한자입니다.

빈 칸에 알맞게 쓰세요.

使는 [   ](사람 인)과 [吏](관리 리)를 합한 한자로
훈은 [   ]이고, 음은 [   ]입니다.

人 : 사람 인(A3-11)   吏 : 관리 리   • 使는 '부리다'는 뜻 이외에 '사신'이라는 뜻도 지니고 있습니다.

🔍 使의 부수와 총획수를 알아보고 빈 칸에 알맞게 쓰세요.

使
하여금/부릴 사

부수 - 亻   총획 - 8획

▶ 亻은 '사람 인' 입니다.
▶ 亻은 한자의 왼쪽에 쓰이면 '사람 인변' 으로 읽습니다.

· 使의 **훈**은 ☐ 이고, **음**은 ☐ 입니다.

· 使의 **부수**는 ☐ 이고, **총획**은 ☐ 입니다.

✏️ 使의 필순을 알아보고 알맞게 쓰세요.

ノ 亻 亻 仁 仨 佢 使 使

使 使 使 使

확인하기 • 使는 '부리다, 시키다, ~로 하여금 ~하게 하다' 등의 뜻을 지니고 있습니다.

📖 代의 훈과 음을 읽어 보세요.

훈 : 대신할   음 : 대

🔍 代가 만들어진 유래를 알아보세요.

사람 인   주살 익

亻(사람 인, 人의 변형)과 弋(주살 익)이 합쳐진 한자입니다. 弋은 양 끝이 갈라진 막대기를 본뜬 한자로 사람(亻)이 막대기(弋)에 의지함에서 대신하다, 시대를 뜻하는 한자입니다.

✍ 빈 칸에 알맞게 쓰세요.

代는 ☐ (사람 인) 과 弋 (주살 익) 을 합한 한자로
훈은 ☐ 이고, 음은 ☐ 입니다.

확인하기 亻 : 사람 인(A3-11)   弋 : 주살 익   • 代는 '대신하다' 라는 뜻 이외에도 '시대, 세대' 등의 뜻으로도 많이 쓰입니다.

代의 부수와 총획수를 알아보고 빈 칸에 알맞게 쓰세요.

代
대신할 대

부수 - 亻　　총획 - 5획

▶ 亻은 '사람 인' 입니다.
▶ 亻은 한자의 왼쪽에 쓰이면 '사람 인변' 으로 읽습니다.

· 代의 **훈**은 □ 이고, **음**은 □ 입니다.
· 代의 **부수**는 □ 이고, **총획**은 □ 입니다.

代의 필순을 알아보고 알맞게 쓰세요.

ノ 亻 亻 代 代

代　代　代　代

확인하기 • 代는 伐(칠 벌)과 모양이 유사하므로 혼동하지 않도록 합니다.

結草報恩
결초보은

結 : 맺을 **결**　草 : 풀 **초**　報 : 갚을 **보**　恩 : 은혜 **은**

죽어 혼령이 되어서라도 은혜를 잊지 않고 갚는다는 뜻으로 쓰이는 고사입니다.

은혜를 입은 사람이 혼령이 되어서 풀포기를 묶어 놓아 적이 걸려서 넘어지게 함으로써 은인을 구해 주었다는 중국 춘추 시대 진나라 위과의 고사에서 유래되었습니다.

보기 와 같이 빈 칸에 알맞게 쓰세요.

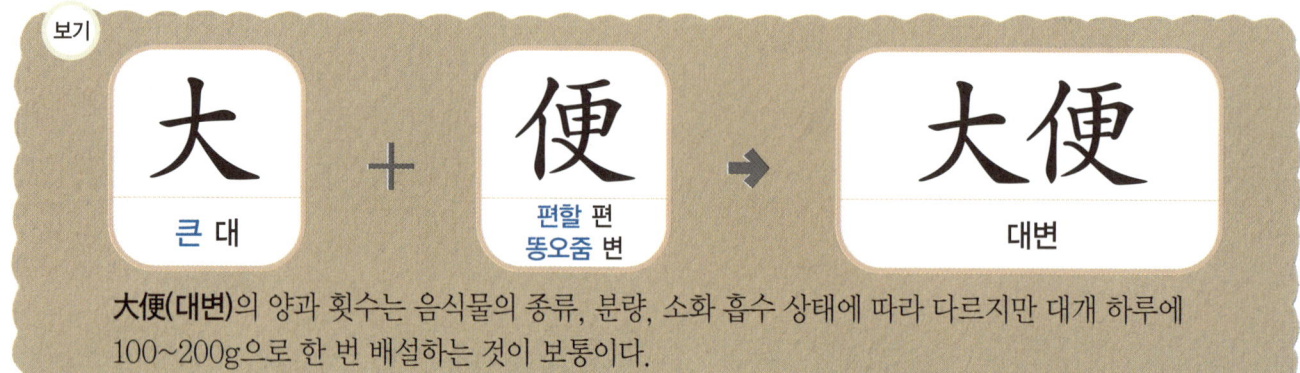

大便(대변)의 양과 횟수는 음식물의 종류, 분량, 소화 흡수 상태에 따라 다르지만 대개 하루에 100~200g으로 한 번 배설하는 것이 보통이다.

1.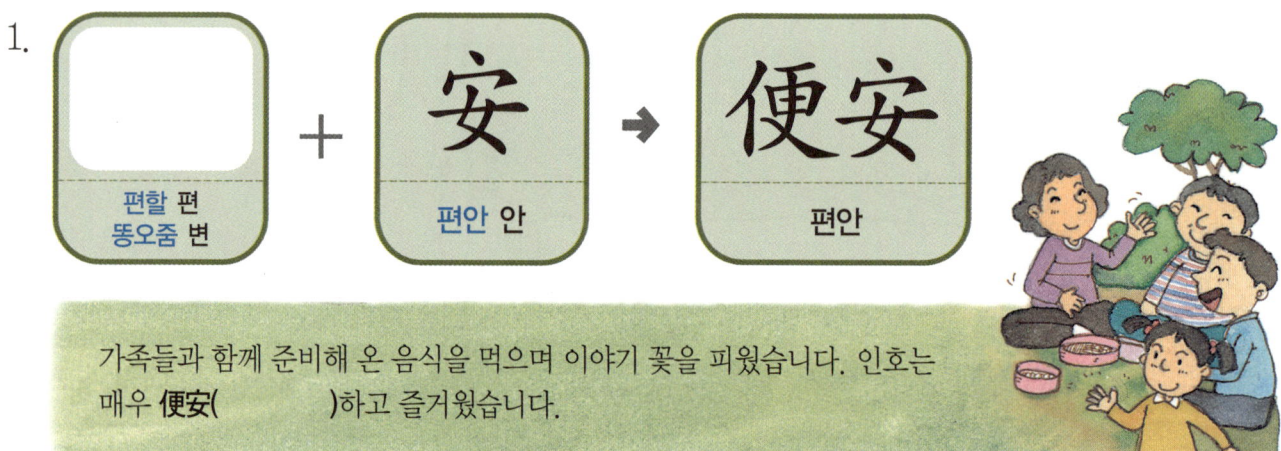

가족들과 함께 준비해 온 음식을 먹으며 이야기 꽃을 피웠습니다. 인호는 매우 **便安**(　　　)하고 즐거웠습니다.

2.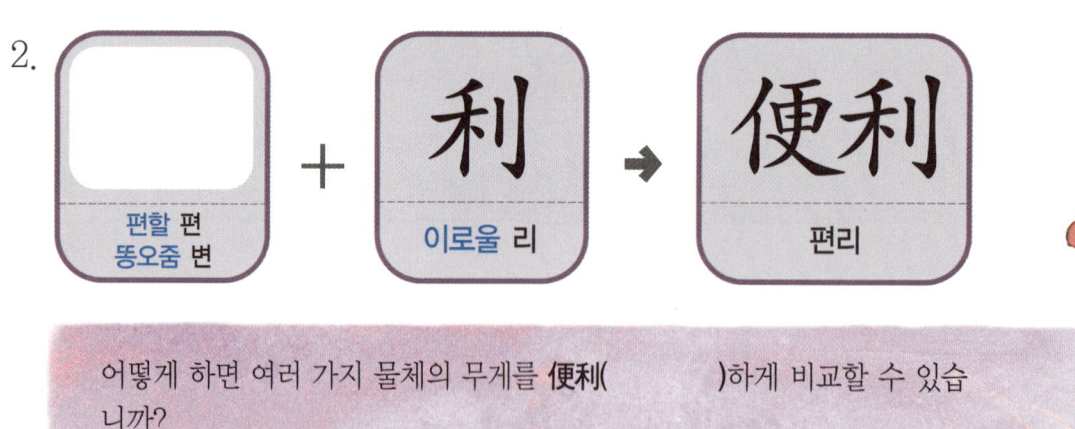

어떻게 하면 여러 가지 물체의 무게를 **便利**(　　　)하게 비교할 수 있습니까?

확인하기　大 : 큰 대(A4-14)　安 : 편안 안(F1-2)　利 : 이로울 리(D1-3)

便을 필순에 맞게 쓰세요.

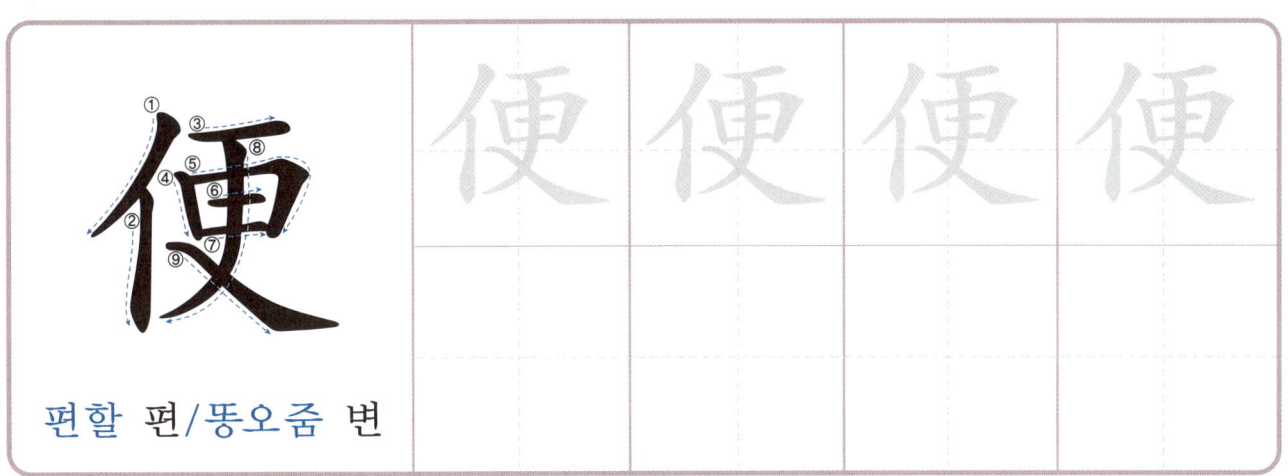

편할 편/똥오줌 변

빈 칸에 便을 써 넣어 한자어를 만들고, 그 뜻을 읽어 보세요.

| | 利 | | 利 | | 利 |

便利(편리) : 어떤 일을 하는 데 편하고 이용하기 쉬움

| | 安 | | 安 | | 安 |

便安(편안) : 몸이나 마음이 편하고 좋음. 아무 일 없이 무사함

| 大 | | 大 | | 大 | |

大便(대변) : 사람의 똥

보기 와 같이 빈 칸에 알맞게 쓰세요.

作心三日(작심삼일)은 품은 마음이 사흘을 못 간다는 뜻으로 결심이 굳지 못함을 빗대어 이르는 말입니다.

1.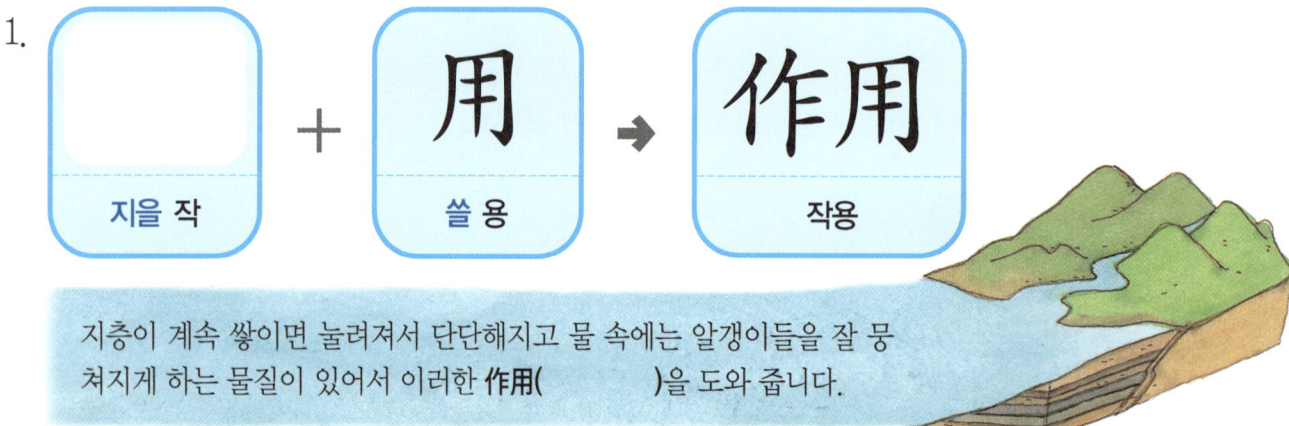

지층이 계속 쌓이면 눌려져서 단단해지고 물 속에는 알갱이들을 잘 뭉쳐지게 하는 물질이 있어서 이러한 作用(　　　)을 도와 줍니다.

2.

作品(　　　)을 보면서 이야기의 줄거리와 표현 방법을 생각하여 봅시다.

확인하기　心 : 마음 심(B1-3)　　三 : 셋 삼(A2-5)　　日 : 날/해 일(A1-1)　　用 : 쓸 용(D1-3)　　品 : 물건 품(E1-1)

🖌 作을 필순에 맞게 쓰세요.

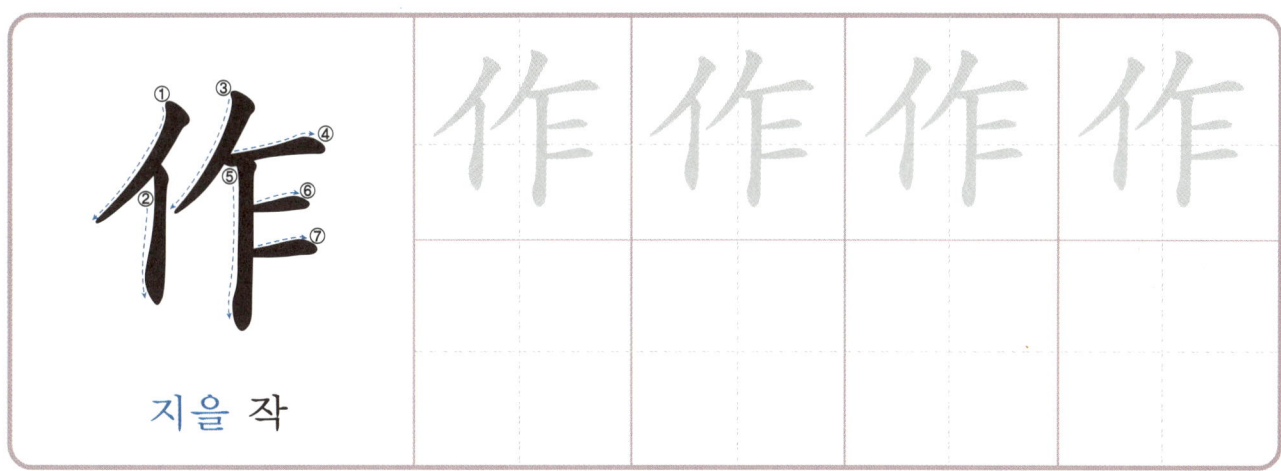

지을 작

📖 빈 칸에 作을 써 넣어 한자어를 만들고, 그 뜻을 읽어 보세요.

作品(작품) : 만든 물건, 그림, 조각, 소설, 시 등 예술 활동으로 만든 것

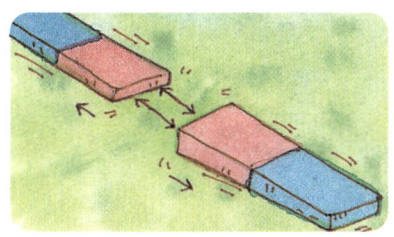   

作用(작용) : 어떠한 현상이나 행동을 일으킴. 또는 그 현상이나 행동

 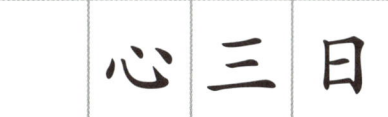 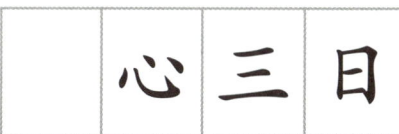

作心三日(작심삼일) : 품은 마음이 사흘을 못 간다는 뜻으로 결심이 굳지 못함을 빗대어 이르는 말

술술술 漢字 동화

🌙 동화를 읽고 보기 에서 알맞은 한자나 음을 찾아 쓰세요.

수수께끼 하나

한 마을에서 **평생** ☐ ☐ 농사를 짓고 ☐ 살던 노인이 있었습니다.

그런데 어느 날 마을에 불이 나 노인의 집이 모두 타 버렸습니다.

이 사건은 평생을 한 군데에서만 **便安** ☐ ☐ 하게 살던 노인으로 하여금 이사를 가게 만들었지요. 노인의 전 재산이라고는 표범 한 마리, 염소 한 마리, 그리고 자신의 일년치 농작물인 감자 한 부대뿐이었답니다.

새로 이사 가는 마을 앞에는 넓은 강이 흐르고 있었습니다. 그런데 이 강은 둘밖에 탈 수 없는 작은 나룻배로만 건널 수 있었지요.

보기   편안   안전   平生   作   대신

노인은 골똘히 생각했습니다.

'감자 부대를 먼저 싣고 가면 강가에 남겨둔 표범이 염소를 잡아먹어 버릴지도 몰라. 그렇다고 그 代身 □□ 에 표범을 먼저 싣고 가면 남은 염소가 감자를 먹어치우겠지? 어떻게 한다?'

安全 □□ 하게 옮길 방편이 없을까요? 정답은 이렇습니다!

처음에 염소를 싣고 가 강 건너편에 내려놓습니다.

두 번째로 표범을 싣고 가 내려놓고 염소는 데리고 와 처음 자리에 내려놓습니다.

그리고 세 번째로 감자 부대를 싣고 가 내려놓고, 돌아와 염소와 함께 타고 가 내리면 되지요.

安 : 편안 안(F1-2)　　全 : 온전 전(D3-10)　　平 : 평평할 평(D2-5)　　生 : 날 생(B1-3)　　身 : 몸 신(B1-3)

使로 漢字語 만들기

보기 와 같이 빈 칸에 알맞게 쓰세요.

용기를 다시 **使用(사용)**할 수 있는 제품은 내용물만 바꾸어 계속 사용한다.

1.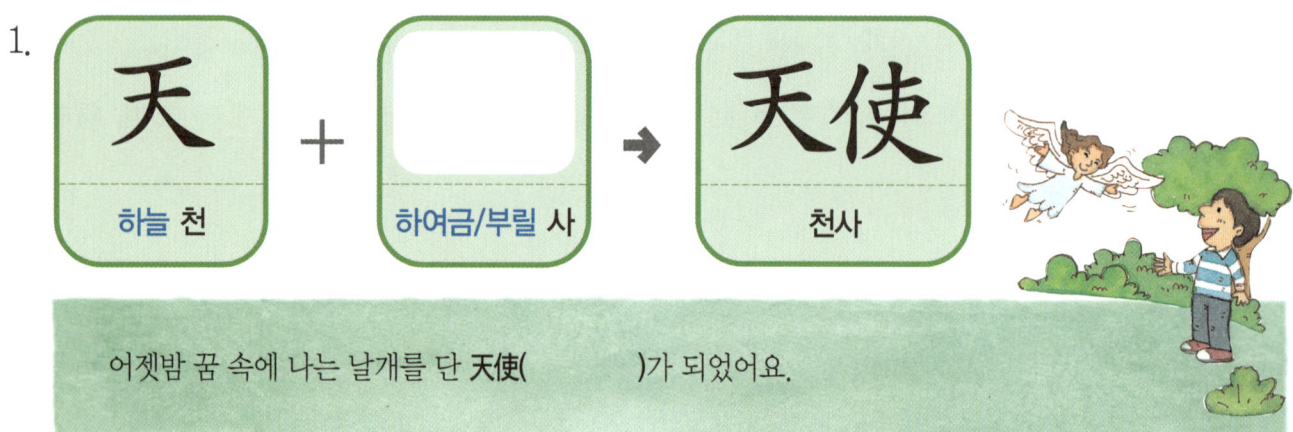

어젯밤 꿈 속에 나는 날개를 단 **天使(　　　)**가 되었어요.

2.

중국 **使臣(　　　)**이 세 가지 문제를 내었는데, 만약 풀지 못하면 우리 나라가 귀한 물건들을 중국에 보내야 한다는구나.

확인하기 用 : 쓸 용(D1-3)　天 : 하늘 천(C3-9)　臣 : 신하 신(C4-13)　• 용기(容器) : 물건을 담는 그릇

使를 필순에 맞게 쓰세요.

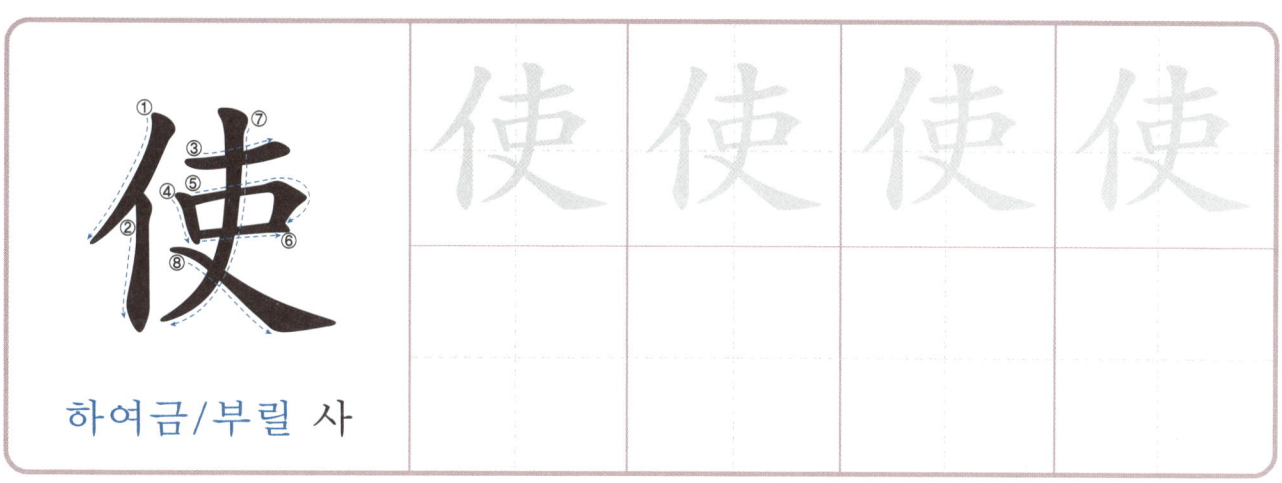

하여금/부릴 사

빈 칸에 使를 써 넣어 한자어를 만들고, 그 뜻을 읽어 보세요.

| | 用 | | 用 | | 用 |

使用(사용) : 사람이나 물건 등을 쓰거나 부림

| 天 | | 天 | | 天 | |

天使(천사) : 하느님의 사자로서 하느님과 인간의 중개 역할을 하는 존재를 이르는 말

| | 臣 | | 臣 | | 臣 |

使臣(사신) : 지난 날 나라의 명을 받아 외국에 파견되던 신하

代로 漢字語 만들기

보기 와 같이 빈 칸에 알맞게 쓰세요.

보기

古 (옛 고) + 代 (대신할 대) → 古代 (고대)

지난 번에 자료를 보내 주어서 고마워. 우리의 **古代**(고대) 건축 자료를 보낼테니, 참고해.

1. ☐ (대신할 대) + 表 (겉 표) → 代表 (대표)

우리 나라 각 지역 **代表**(　　) 들과 외국인들이 한 조를 이루어 그 지역 특유의 김치를 담궜습니다.

2. ☐ (대신할 대) + 身 (몸 신) → 代身 (대신)

우리 집에 새로 들여온 로봇이 엄마 **代身**(　　) 청소와 간단한 집안일을 합니다. 덕분에 우리 가족은 깨끗하고 편하게 살게 되었지요.

확인하기 古 : 옛 고(C3-11)   表 : 겉 표(E3-11)   身 : 몸 신(B1-3)

代를 필순에 맞게 쓰세요.

대신할 대

빈 칸에 代를 써 넣어 한자어를 만들고, 그 뜻을 읽어 보세요.

古　　　古　　　古

古代(고대) : 옛 시대

　表　　　表　　　表

代表(대표) : 개인이나 단체를 대신하여 그의 의사나 성질을 외부에 나타냄. 대표자의 준말

　身　　　身　　　身

代身(대신) : 어떤 사람이 할 일에 그 사람과 바꾸어 들어 그 일을 하는 사람

전래동화를 읽고 물음에 답하세요.

배나무골 이도령

배나무골 이도령과 이화는 결혼을 약속한 사이였어요.
하지만 이도령은 과거를 보러 가야 했기 때문에 잠시 이화를 떠나야만 했지요. 그 후 아무리 기다려도 이도령이 오지 않자 이화는 이도령의 집을 찾아 나섰어요. 그러나 이도령에게는 집안 어른들이 혼인감으로 정해 준 처녀가 따로 있었어요. 이화가 그것을 알고 슬퍼하자, 이도령의 어머니가 말했어요.
"그렇다면 너희 둘 중 호랑이 눈썹을 뽑아오는 사람을 내 아들과 혼인시키겠다!"

이화는 호랑이 눈썹을 뽑으러 산으로 들어갔어요. 그러다가 밤이 깊어 한 할머니의 집에 이르렀어요. 이화는 할머니에게 호랑이 눈썹을 뽑아가야 하는 처지를 자세히 설명했어요.
"저런 안됐구려. 사실은 우리 아들 일곱이 모두 호랑이라우. 오래 살다 보니까 사람으로 둔갑을 할 수 있어서 사람 행세를 하고 사는 거지. 들어오우. 내가 ㉠代身 우리 아들들 눈썹을 뽑아 주리다."
"사실은 나도 호랑이라우. 하지만 늙으니까 우리 아들들처럼 사납지도 않고, 또 사람을 못살게 굴고 싶지도 않네 그려."
조금 뒤, 밖에서 시끄러운 소리가 들리더니 ㉡대문을 열고 아들들이 돌아오는 것이 보였어요. 할머니는 이화를 얼른 커다란 독 속에 숨겨 주었어요. 할머니는 아들들이 잠든 사이 몰래 눈썹을 뽑아서 이화에게 주었어요.

처녀의 몸으로 그 무서운 호랑이 눈썹을 뽑아온 것을 보고 이도령의 어머니는 이화가 하늘에서 내린 ㉢天使라며 성대한 혼인식을 치러 주었습니다. 그 후 이도령과 이화는 오래도록 행복하게 살았답니다.

1. ㉠의 음을 쓰세요.

2. ㉡을 한자로 바꾸어 쓰세요.

3. ㉢의 음을 쓰세요.

이번 주에 배운 한자어를 넣어, 그림의 상황에 어울리게 짧은 글을 지어 보세요.

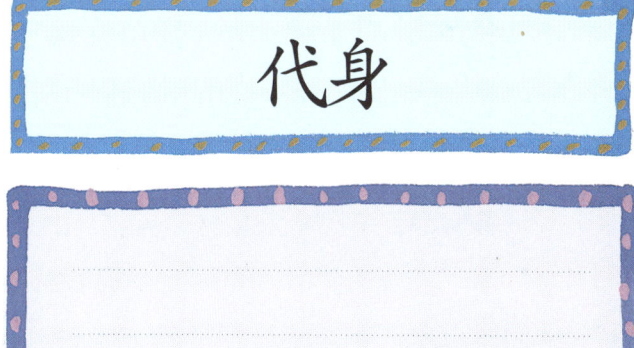
代身

天使

1. 서로 관련 있는 것끼리 선으로 이으세요.

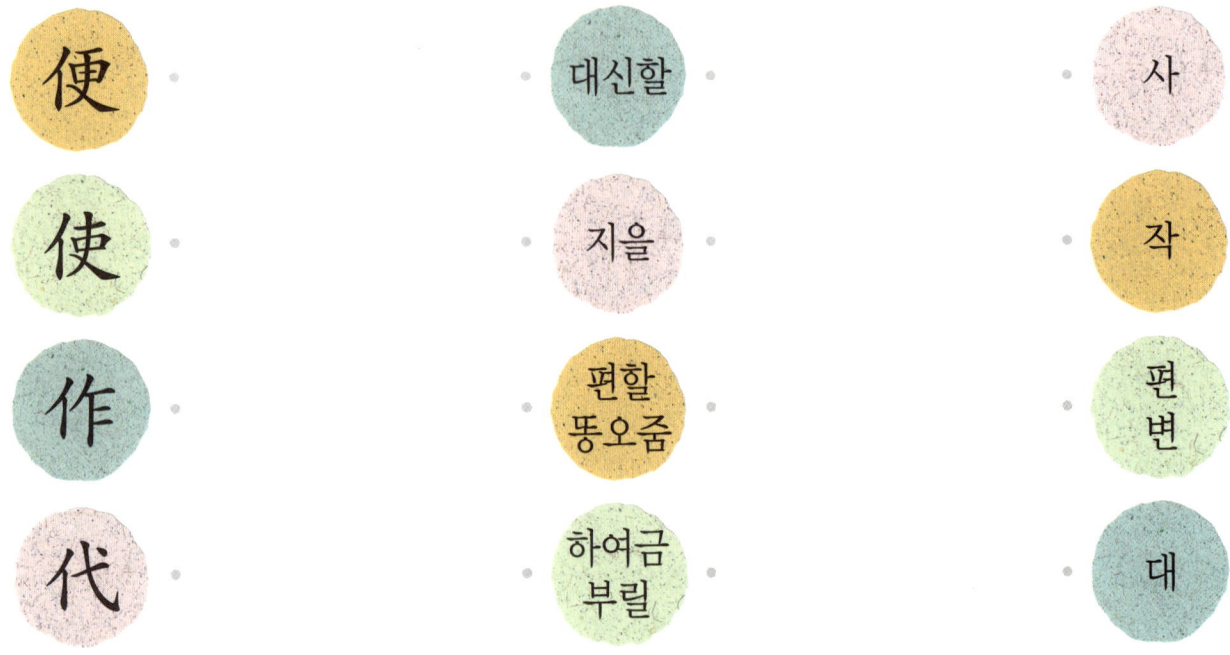

2. 다음 빈 칸에 공통적으로 들어갈 한자를 보기 에서 찾아 쓰세요.

| 보기 | 便 | 代 | 使 | 作 |

고☐   ☐표   ☐신 ……… ☐

☐심삼일   ☐용   ☐품 ……… ☐

☐용   천☐   ☐신 ……… ☐

대☐   ☐안   ☐리 ……… ☐

3. 다음 밑줄 친 낱말의 뜻에 알맞은 한자를 쓰세요.

 • 같이 있을 때 **편한**(　　) 사람은 주위 사람들에게 인기가 있다.
 • 내가 **지은**(　　) 시가 백일장에서 장원을 하다니…….
 • 그녀는 나로 **하여금**(　　) 새로운 희망을 갖게 했다.
 • 누군가 내 일을 **대신**(　　)해 주길 바라지 말라.

4. 서로 관련 있는 것끼리 선으로 이으세요.

| 便 | 使 | 代 | 作 |

| 亻- 총5획 | 亻- 총8획 | 亻- 총7획 | 亻- 총9획 |

5. 다음 빈 칸에 알맞은 한자어를 보기에서 찾아 쓰세요.

| 보기 | 使用 | 作品 | 便利 | 古代 |

 • [고][대] 올림픽은 아테네에서 시작되었다.

 • 내 동생의 예쁜 얼굴은 우리 엄마와 아빠의 [작][품]이다.

 • 인터넷으로 은행 일을 보는 것은 참 [편][리]하다.

 • 해수욕장에 놀러 가서 샤워실을 [사][용]하려면 꼭 요금을 내야 한다.

만두를 만든 제갈공명

만두는 바로 그 유명한 제갈공명이 만들었다고 합니다.
다음은 우리가 흔히 《삼국지》라고 알고 있는 《삼국지연의》에 나오는 이야기입니다.

제갈공명이 중국의 남부 운남 지방의 오랑캐인 맹획을 정벌하러 갔습니다.
전쟁에서 이겨 맹획에게 항복을 받았습니다.
제갈공명이 맹획을 복종시키고 돌아오는 길에 노수라는 큰 강에 이르자 검은 구름과 심한 바람이 미친 듯이 불어 왔습니다.
이에 제갈공명이 맹획에게 그 이유를 물으니, 강에 사나운 귀신이 있어서 그런 일이 일어나므로 건너는 사람은 반드시 제사를 지내야 된다고 하였습니다.
그러면서 제사 지낼 때는 반드시 마흔 아홉 사람의 머리와 검은 소와 흰 양을 바쳐야 한다고 하였습니다.
그러나 제갈공명은 차마 사람의 머리를 베어 바칠 수가 없어, 부하들에게 사람의 머리(頭) 모양과 비슷한 음식을 만들어 바치라고 명했습니다.
그리고 그 안에 소고기와 양고기를 넣었는데, 그것이 바로 만두(饅頭)가 되었다고 합니다.

饅 : 만두 만   頭 : 머리 두
- 제갈공명(181~234) : 중국 삼국 시대 촉한의 정치가, 전략가. 본명은 제갈량(諸葛亮). 시호는 충무, 와룡선생. 유비를 도와 촉의 제위에 오르게 하고 재상이 됨.

왼쪽의 한자어가 되도록 바르게 연결하세요.

11. 사신 · · 便 · · 表
12. 대변 · · 使 · · 利
13. 편리 · · 代 · · 便
14. 대표 · · 大 · · 臣

다음 빈 칸에 알맞은 한자어를 고르세요.

15. 적절한 도구를 ☐ 하면 일의 능률을 높일 수 있다.
　① 作心三日　　② 天使　　③ 便安　　④ 使用

16. 저 화랑에 우리들의 ☐ 이 전시되어 있다.
　① 便安　　② 作品　　③ 作用　　④ 使用

다음 보기 에서 알맞은 한자어를 찾아 쓰세요.

보기: 便利　　天使　　作品　　使臣

17. 작 품 ☐ ☐
18. 편 리 ☐ ☐
19. 천 사 ☐ ☐
20. 사 신 ☐ ☐

정답 수	평가 결과 및 향후 진도
16~20문항	잘했어요. F3집 11호로 진행하세요.
11~15문항	부족해요. 틀린 문제의 한자를 다시 학습한 후 F3집 11호로 진행하세요.
10문항 이하	많이 부족해요. 이번 호를 복습한 후 다음 호로 진행하세요.

기탄한자 형성평가 F단계 10호

다음 물음에 답하세요.

1. 다음 한자와 음이 바르게 연결되지 않은 것을 고르세요.

   ① 代 - 대   ② 使 - 사   ③ 便 - 편/변   ④ 作 - 공

2. 다음 한자와 훈이 바르게 연결되지 않은 것을 고르세요.

   ① 便 - 편할/똥오줌   ② 作 - 지을   ③ 使 - 하여금/부릴   ④ 代 - 고기잡을

3. 다음 빈 칸에 알맞은 한자와 훈음을 쓰세요.

    → 亻 + 更 → ☐ ☐

4. 다음 설명에 알맞은 한자를 쓰세요.

   亻(사람 인, 人의 변형)과 吏(관리 리)를 합해 만든 한자입니다. 吏는 관리를 뜻하며 관리는 보통 사람을 부린다는 데서, **부리다, 시키다**의 뜻을 나타낸 한자입니다.

다음 한자어의 음을 쓰세요.

5.   ☐☐

6.   ☐☐

7.  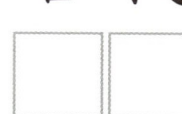 ☐☐

8.  作用 ☐☐

다음 보기에서 알맞은 한자어를 찾아 쓰세요.

보기: 古代   代身   作用   作品

9. 어떠한 현상이나 행동을 일으킴. 또는 그 현상이나 행동 ········

10. 어떤 사람이 할 일에 그 사람과 바꾸어 들어 그 일을 하는 사람 ········

펴낸이 : 정지향
펴낸곳 : (주)기탄교육
기획·편집·디자인 : 기탄교육연구소
주소 : 06698 서울특별시 서초구 효령로 40 기탄출판센터
등록 : 제2000-000098호
전화 : (02)586-1007
팩스 : (02)586-2337

※서점에 갈 시간이 없거나 구하기 어려운 분은 인터넷 또는 전화로 신청하세요. 즉시 우송해 드립니다.
● www.gitan.co.kr

ⓒ (주)기탄교육 All rights reserved.
저작권자의 동의 없이 본 교재를 무단으로 복제하거나 전재하는 것을 금합니다.

F단계 10호 해답

145a	1. 결, 동/통, 흐를, 注	
	2. 부을 주, 결단할 결, 흐를 류, 고을 동/통할 통	
145b	3. 注目, 決心, 洞口, 交流	
	4. 결정, 동구, 주문, 유행	
146a	편리, 편안	
146b	작심삼일, 작용	
147a	사용, 천사	
147b	고대, 대표	
148a	亻, 편할/똥오줌, 편/변	
148b	편할/똥오줌, 편/변, 亻, 9획	
149a	亻, 지을, 작	
149b	지을, 작, 亻, 7획	
150a	亻, 하여금/부릴, 사	
150b	하여금/부릴, 사, 亻, 8획	
151a	亻, 대신할, 대	
151b	대신할, 대, 亻, 5획	
153a	1. 便, 편안	2. 便, 편리
153b	便, 便, 便	
154a	1. 作, 작용	2. 作, 작품
154b	作, 作, 作	
155a	平生, 作, 편안	
155b	대신, 안전	
156a	1. 使, 천사	2. 使, 사신
156b	使, 使, 使	
157a	1. 代, 대표	2. 代, 대신
157b	代, 代, 代	
158a	1. 대신 2. 大門 3. 천사	

159a 1.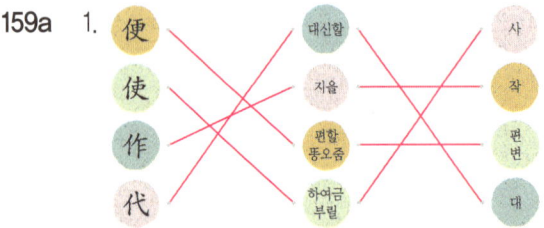

2. 代, 作, 使, 便

159b 3. 便, 作, 使, 代

4.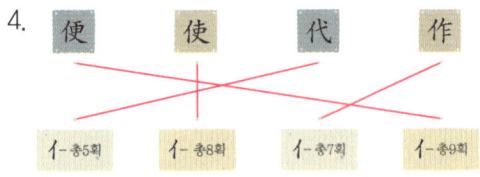

5. 古代, 作品, 便利, 使用

형성평가

1. ④   2. ④
3. 便, 편할/똥오줌 편/변   4. 使
5. 편안   6. 사용
7. 고대   8. 작용
9. 作用   10. 代身

11. 사신 — 便 — 表
12. 대변 — 使 — 利
13. 편리 — 代 — 便
14. 대표 — 大 — 臣

15. ④   16. ②
17. 作品   18. 便利
19. 天使   20. 使臣

便作使代

F3집 10호 한자 카드 기탄 한자

 便
편할/똥오줌 편/변

 作
지을 작

 使
하여금/부릴 사

 代
대신할 대

便 作 使 代

편할/똥오줌 편/변 지을 작 하여금/부릴 사 대신할 대

F 단계에서 배운 한자들

便	편할/똥오줌 편/변
作	지을 작
使	하여금/부릴 사
代	대신할 대
決	결단할 결
洞	고을/통할 동/통
注	부을 주
流	흐를 류
守	지킬 수
室	집 실
客	손님 객
定	정할 정
林	수풀 림
村	마을 촌
材	재목 재
校	학교 교
海	바다 해
洋	큰바다 양
漁	고기잡을 어
洗	씻을 세
他	다를 타
位	자리 위
俗	풍속 속
保	지킬 보
仁	어질 인
仙	신선 선
信	믿을 신
休	쉴 휴
安	편안 안
宅	집 택
官	벼슬 관
容	얼굴 용

받아쓰기

♥ 엄마가 한자나 한자어를 부르고 아이가 받아쓰도록 합니다.

11 호

기탄교과서한자 F단계 3집 161a~176a

F3집
129a-192a

F3집
11호
161a-176a

초등 교과서 한자어를 총체 분석한 어휘력 향상 한자 학습 프로그램

기탄 교과서 한자

공부한 날   월 일 ~   월 일
                교   반
이름   전화

www.gitan.co.kr

기초부터 탄탄하게
기탄교육

F단계 학습 한자 일람

	F단계						
1집	仁, 仙, 信, 休	**2집**	他, 位, 俗, 保	**3집**	決, 洞, 注, 流	**4집**	計, 記, 語, 詩
	安, 宅, 官, 容		守, 室, 客, 定		便, 作, 使, 代		情, 性, 進, 造
	海, 洋, 漁, 洗		林, 村, 材, 校		念, 志, 感, 想		始, 好, 雲, 雪
	복습		복습		복습		복습

학습 진단 관리표

	한자		한자어		이번 주는	
	읽기	쓰기	읽기	쓰기		
금주평가	Ⓐ 아주 잘함	Ⓐ 아주 잘함	Ⓐ 아주 잘함	Ⓐ 아주 잘함	● 학습방법	❶ 매일매일 ❷ 가끔 ❸ 한꺼번에 하였습니다.
	Ⓑ 잘함	Ⓑ 잘함	Ⓑ 잘함	Ⓑ 잘함	● 학습태도	❶ 스스로 잘 ❷ 시켜서 억지로 하였습니다.
	Ⓒ 보통	Ⓒ 보통	Ⓒ 보통	Ⓒ 보통	● 학습흥미	❶ 재미있게 ❷ 싫증내며 하였습니다.
	Ⓓ 노력해야 함	Ⓓ 노력해야 함	Ⓓ 노력해야 함	Ⓓ 노력해야 함	● 교재내용	❶ 적합하다고 ❷ 어렵다고 ❸ 쉽다고 하였습니다.
	지도 교사가 부모님께				부모님이 지도 교사께	

종합평가	Ⓐ 아주 잘함	Ⓑ 잘함	Ⓒ 보통	Ⓓ 노력해야 함

 **1** 일차
161a~163b
- 다시보기를 통하여 使, 作, 便, 代의 훈, 음, 형, 한자어를 복습합니다.
- 이번 주에 배울 念, 志, 感, 想의 용례를 문장 속에서 찾아봅니다.
- 이번 주 학습 한자의 공통점은 무엇인지 스스로 발견해 봅니다.

 **2** 일차
164a~167b
- 알아보기를 통하여 念, 志, 感, 想의 3요소와 필순, 부수를 학습합니다.
- 부수가 공통적으로 心(마음 심)임을 알고 心이 쓰인 한자는 대부분 사람의 마음과 관련된 뜻을 나타냄을 이해합니다.

 **3** 일차
168a~170b
- 만화를 통해 고사성어 井中之蛙의 뜻과 쓰임을 알아보고 적절하게 사용할 수 있습니다.
- 念, 志와 다른 한자를 결합하여 만든 信念, 記念, 意志, 同志 등의 한자어를 익힙니다.

 **4** 일차
171a~173b
- 동화 '행운을 찾아다니는 사나이'를 읽고 한자를 이야기 속에서 활용해 학습합니다.
- 感, 想을 파자(나누어서 이해함)하여 뜻부분과 음부분으로 나누어서 익힙니다.

 **5** 일차
174a~176a
- 전래동화 '하늘나라 밭 구경'을 읽고 이야기 속에서 한자의 3요소를 학습합니다.
- 풀어보기, 형성평가를 통해 학습 한자를 정리하고 '나라의 제사 때 먹은 음식, 설렁탕'을 읽고 설렁탕의 유래를 알아봅니다.

1. 다음 빈 칸에 알맞게 쓰세요.

| 便 | 편할 똥오줌 | | | 作 | 지을 | |
| 使 | | 사 | | | 대신할 | 대 |

2. 다음 빈 칸에 알맞은 훈음을 쓰세요.

亻 + 吏 → 使 | 하여금/부릴 사

亻 + 乍 → 作 |

亻 + 更 → 便 |

亻 + 弋 → 代 |

3. 다음 보기 에서 알맞은 한자어를 찾아 쓰세요.

보기: 便安　　古代　　使臣　　作用

作用 : 어떠한 현상이나 행동을 일으킴. 또는 그 현상이나 행동

便安 : 몸이나 마음이 편하고 좋음. 아무 일 없이 무사함

古代 : 옛 시대

使臣 : 지난 날 나라의 명을 받아 외국에 파견되던 신하

4. 다음 보기 에서 알맞은 음을 찾아 쓰세요.

보기: 작용　　대신　　사신　　편안

• 부모님이 계시지 않을 때는 손윗형제가 부모님을 代身 [대][신] 한다.

• 중국에 使臣 [사][신] 을 보낼 때는 진귀한 선물을 함께 보냈다.

• 퇴적 作用 [작][용] 으로 지층이 형성되었다.

• 마음을 便安 [편][안] 하게 먹어야 모든 일이 잘 된다.

念이 쓰인 문장을 읽고 빈 칸에 한자어의 음을 쓰세요.

그렇지만 우리 나라가 독립을 해야 한다는 유관순의 **信念(신념)**은 누구도 꺾을 수 없었다.

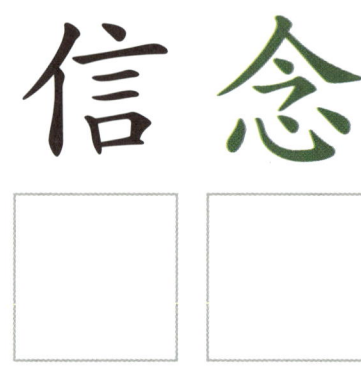

지난 어린이날 **記念(기념)** 체육 대회에서 3반과 우리 반이 피구 결승전에 올랐다.

信 : 믿을 신(F1-1)   記 : 기록할 기(F4-13)

志가 쓰인 문장을 읽고 빈 칸에 한자어의 음을 쓰세요.

'意志(의지)의 한국인'을 추천해 보자.

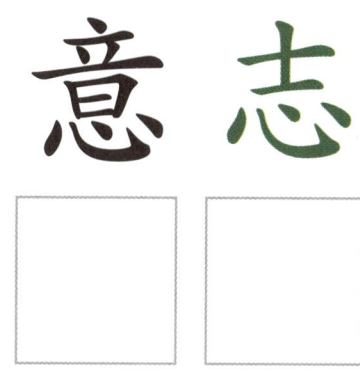

2002년 월드컵 경기 중 우리 나라 국민들이 보여준 모습은 뜨거운 同志(동지)애를 느끼게 했다.

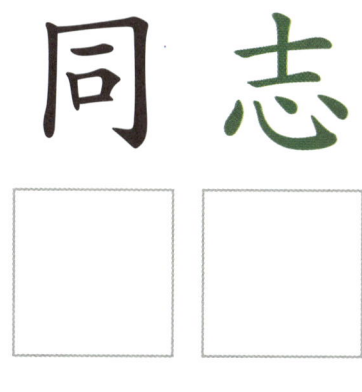

意 : 뜻 의(D2-5)   同 : 같을 동(E2-5)

📖 感이 쓰인 문장을 읽고 빈 칸에 한자어의 음을 쓰세요.

시를 읽다 보면, 새로운 표현이나 재미 있는 표현, 또는 자기의 경험에 비추어 **共感(공감)**할 수 있는 표현을 발견할 수 있습니다.

"걱정 마십시오. 제가 해결해 드리겠습니다." 변호사가 **自信感(자신감)** 넘치는 목소리로 말하자, 노인의 마음도 한결 가벼워졌다.

확인하기 共 : 함께 공(E2-6)   自 : 스스로 자(B2-6)   信 : 믿을 신(F1-1)

찾아보기 想

想이 쓰인 문장을 읽고 빈 칸에 한자어의 음을 쓰세요.

화가 할아버지는 공원의 의자에 앉아 젊은 시절을 **回想**(회상)했습니다.

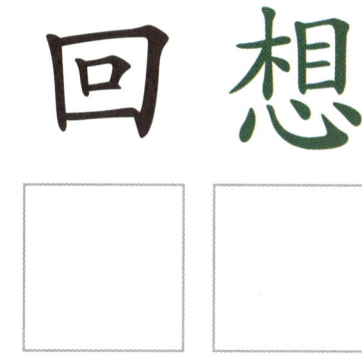

回 想

'아침 풍경에서 받은 **感想**(감상)을 시로 나타내야지.'

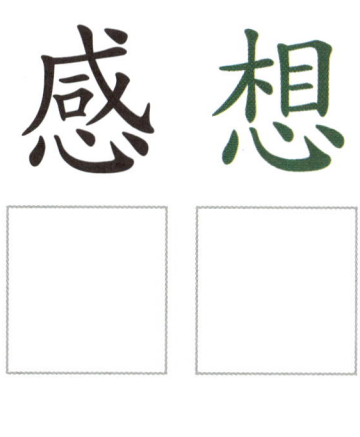

感 想

확인하기 回 : 돌 회(E2-7)

알아보기

📖 念의 훈과 음을 읽어 보세요.

훈: 생각 음: 념

🔍 念이 만들어진 유래를 알아보세요.

今(이제 금)과 心(마음 심)이 합해져 만들어진 한자입니다. 마음 속에서 생각하고 있는 기분, 또는 지금까지 지니고 있는 마음을 나타낸 데서 생각, 마음을 뜻합니다. 心이 뜻을 나타내고 今(금→념)이 음을 나타냅니다.

✏️ 빈 칸에 알맞게 쓰세요.

念은 ☐ (이제 금)과 ☐ (마음 심)을 합한 한자로
훈은 ☐ 이고, 음은 ☐ 입니다.

확인하기 今 : 이제 금(C3-11) 心 : 마음 심(B1-3) • 이번 주에는 心이 공통적으로 부수로 쓰인 한자를 학습합니다.
• 心이 부수로 쓰인 한자는 대부분 사람의 마음이나 생각과 관련된 뜻입니다.

🌙 念의 부수와 총획수를 알아보고 빈 칸에 알맞게 쓰세요.

念
생각 념

부수 - 心   총획 - 8획

▶ 心은 '마음 심' 입니다.

· 念의 **훈**은 [   ]이고, **음**은 [   ]입니다.
· 念의 **부수**는 [   ]이고, **총획**은 [   ]입니다.

✏️ 念의 필순을 알아보고 알맞게 쓰세요.

ノ 人 人 今 今 念 念 念

확인하기 · 念이 단어의 첫 글자로 쓰이면 '염'으로 읽습니다. 예) 念願(염원)

📖 志의 훈과 음을 읽어 보세요.

志

훈:뜻 음:지

🔍 志가 만들어진 유래를 알아보세요.

士 + 心 → 志

선비 사 　　 마음 심

士(선비 사)와 心(마음 심)을 합해 만든 한자입니다. 士는 之(갈 지)의 변형으로, 마음(心)이 가는(之) 곳, 즉 뜻, 견해, 포부를 뜻하는 한자입니다.

✏️ 빈 칸에 알맞게 쓰세요.

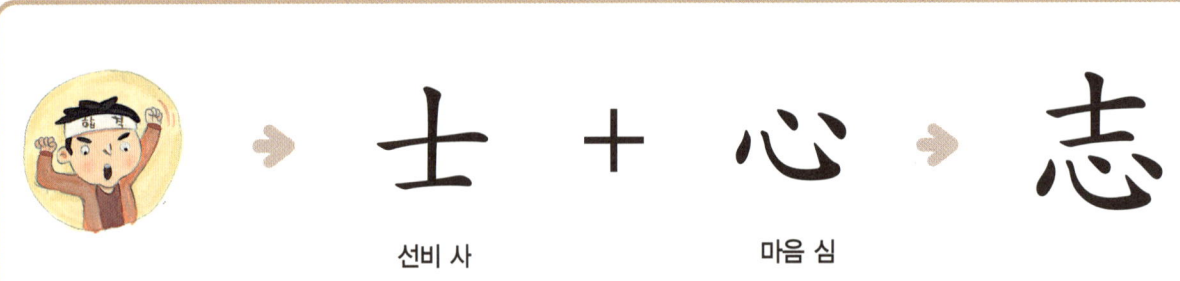

志는 ☐(선비 사)와 ☐(마음 심)을 합한 한자로
훈은 ☐ 이고, 음은 ☐ 입니다.

확인하기 士 : 선비 사(B2-5)　心 : 마음 심(B1-3)　之 : 갈 지

👀 志의 부수와 총획수를 알아보고 빈 칸에 알맞게 쓰세요.

志
뜻 지

부수 – 心   총획 – 7획

▶ 心은 '마음 심' 입니다.

· 志의 훈은 ☐ 이고, 음은 ☐ 입니다.
· 志의 부수는 ☐ 이고, 총획은 ☐ 입니다.

✍ 志의 필순을 알아보고 알맞게 쓰세요.

一 十 士 士 志 志 志

확인하기 • 心이 부수인 한자는 주로 '마음, 사람의 감정' 등과 관련이 많습니다.

📖 感의 훈과 음을 읽어 보세요.

훈: 느낄 음: 감

🔍 感이 만들어진 유래를 알아보세요.

咸 + 心 → 感

다 함   마음 심

咸(다 함)과 心(마음 심)을 합해 만든 한자입니다. 본래 咸은 느끼다, 감응하다를 뜻했습니다. 후에 다, 모두라는 뜻이 파생되자 이로 인해 느끼다, 감동하다란 뜻을 돕기 위해 心을 더해 새로운 한자로 만든 것이 感입니다. 咸(함 → 감)이 음부분이 되었습니다.

✍ 빈 칸에 알맞게 쓰세요.

感은 咸 (다 함) 과 ☐ (마음 심) 을 합한 한자로

훈은 ☐ 이고, 음은 ☐ 입니다.

확인하기 咸 : 다 함   心 : 마음 심(B1-3)

● 感의 부수와 총획수를 알아보고 빈 칸에 알맞게 쓰세요.

感
느낄 감

부수 - 心   총획 - 13획

▶ 心은 '마음 심' 입니다.

· 感의 **훈**은 ☐ 이고, **음**은 ☐ 입니다.
· 感의 **부수**는 ☐ 이고, **총획**은 ☐ 입니다.

● 感의 필순을 알아보고 알맞게 쓰세요.

丿 厂 厂 厂 厂 后 后 咸 咸 咸 感 感 感

感 感 感 感

확인하기 · 感을 쓸 때에는 위의 점을 제일 나중에 씁니다.

알아보기 想

📖 想의 훈과 음을 읽어 보세요.

想
훈 : 생각 음 : 상

🔍 想이 만들어진 유래를 알아보세요.

相 + 心 → 想

서로 상   마음 심

相(서로 상)과 心(마음 심)을 합해 만든 한자입니다. 서로(相)의 마음(心)을 살핀다는 데서 생각, 생각하다란 뜻을 나타내게 되었습니다. 相이 그대로 음이 되었습니다.

✏️ 빈 칸에 알맞게 쓰세요.

想은 ☐ (서로 상)과 ☐ (마음 심)을 합한 한자로
훈은 ☐ 이고, 음은 ☐ 입니다.

[확인하기] 相 : 서로 상(E4-13)   心 : 마음 심(B1-3)   • 想과 念은 뜻이 비슷한 한자입니다.

🔵 想의 부수와 총획수를 알아보고 빈 칸에 알맞게 쓰세요.

想
생각 상

부수 – 心   총획 – 13획

▶ 心은 '마음 심' 입니다.

· 想의 **훈**은 [　　] 이고, **음**은 [　　] 입니다.
· 想의 **부수**는 [　　] 이고, **총획**은 [　　] 입니다.

🔵 想의 필순을 알아보고 알맞게 쓰세요.

一 十 才 木 杧 机 相 相 相 想 想 想

想 想 想 想

확인하기 · 心은 쓰이는 위치에 따라 모양이 변합니다.
心 → 忄 예) 情 : 뜻 정
心 → 㣺 예) 恭 : 공손할 공

念으로 漢字語 만들기

보기 와 같이 빈 칸에 알맞게 쓰세요.

보기

信 (믿을 신) + 念 (생각 념) → 信念 (신념)

유관순이 죽음을 무릅쓰고 독립 만세를 부르고, 재판을 받을 때에도 당당하였던 것은 어떤 **信念(신념)** 때문입니까?

1. 記 (기록할 기) + ☐ (생각 념) → 記念 (기념)

민희가 살고 있는 밀양시에서 시민의 날 행사가 열렸다. 記念(　　　) 음악회도 열렸고, 밀양의 유래를 나타낸 가장 행렬도 있었다.

2. 一 (하나 일) + ☐ (생각 념) → 一念 (일념)

나라를 일제의 지배에서 벗어나게 하려는 一念(　　　) 하나로 목숨까지 바친 분들이 너무나 많다.

확인하기　信 : 믿을 신(F1-1)　記 : 기록할 기(F4-13)　一 : 하나 일(A2-5)

念을 필순에 맞게 쓰세요.

생각 녑

빈 칸에 念을 써 넣어 한자어를 만들고, 그 뜻을 읽어 보세요.

信念(신념) : 굳게 믿어 의심하지 않는 마음

記念(기념) : 뜻 깊은 일을 잊지 않고 생각함

 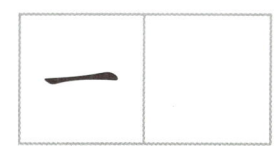 

一念(일념) : 한결같은 마음. 한 가지의 생각

志로 漢字語 만들기

보기 와 같이 빈 칸에 알맞게 쓰세요.

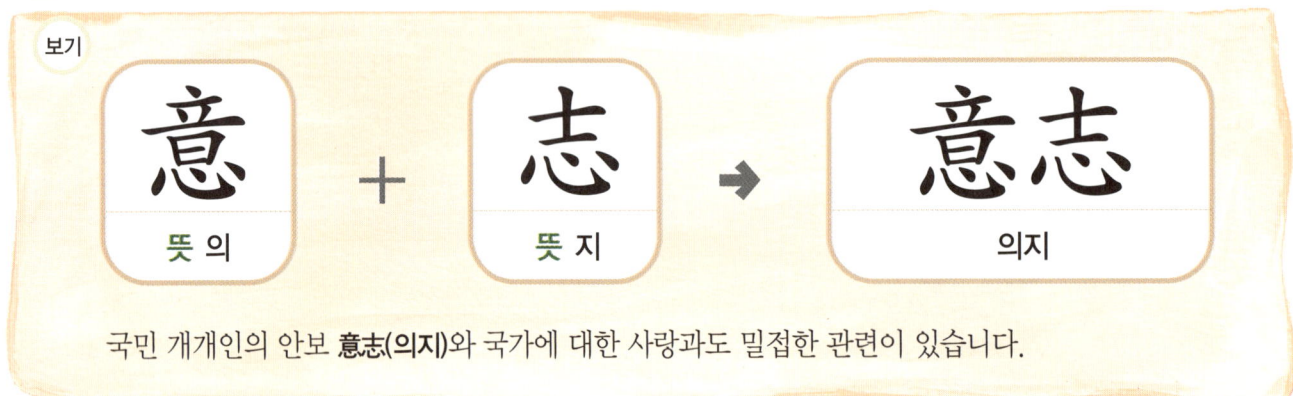

국민 개개인의 안보 **意志(의지)**와 국가에 대한 사랑과도 밀접한 관련이 있습니다.

1.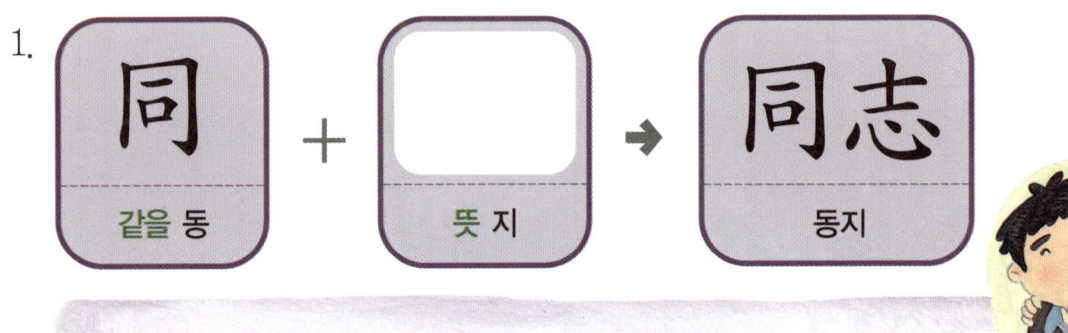

혼자라고 느껴질 때면 주위를 둘러보세요. 이렇게 많은 이들 모두가 나의 **同志(   )**랍니다.

2.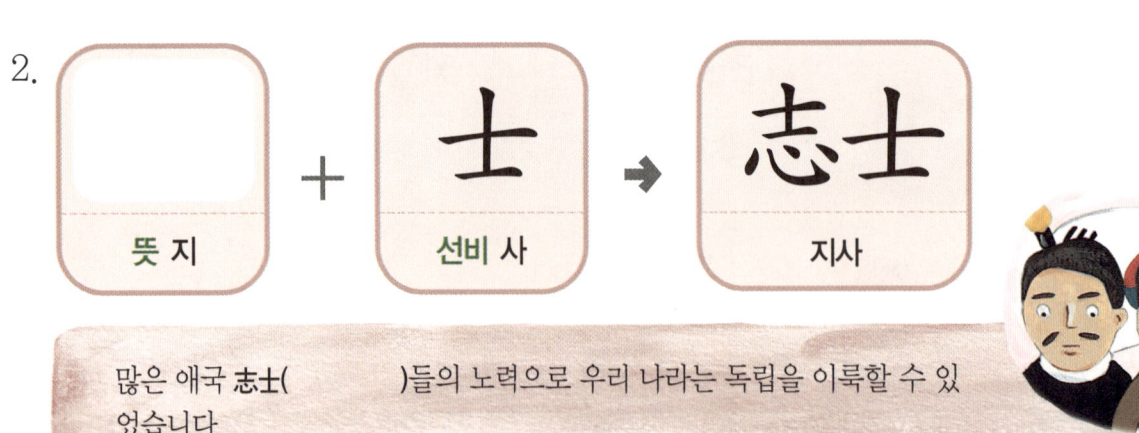

많은 애국 **志士(   )**들의 노력으로 우리 나라는 독립을 이룩할 수 있었습니다.

확인하기 意 : 뜻 의(D2-5)   同 : 같을 동(E2-5)   士 : 선비 사(B2-5)

志를 필순에 맞게 쓰세요.

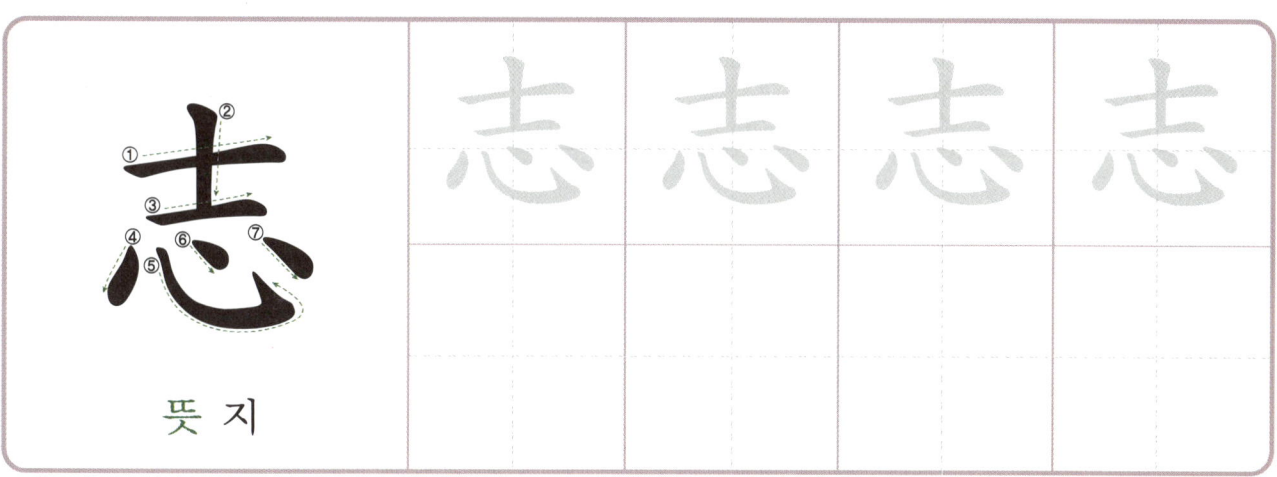

뜻 지

빈 칸에 志를 써 넣어 한자어를 만들고, 그 뜻을 읽어 보세요.

意志(의지) : 목적이 뚜렷한 생각. 뜻

同志(동지) : 뜻을 같이 하는 일. 또는 그런 사람

 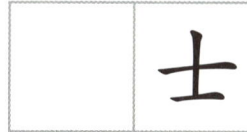 

志士(지사) : 크고 높은 뜻을 가진 사람

동화를 읽고 보기 에서 알맞은 한자나 음을 찾아 쓰세요.

행운을 찾아다니는 사나이 1

어느 마을에 두 친구가 살았습니다. 한 사람은 주어진 조건에 만족하며 살았고 다른 한 사람은 끊임없이 보다 잘 살고 싶은 想念 □□ 에 사로잡혀 틀림없이 어딘가 큰 행운이 있고 그 행운을 잡기만 하면 부자가 될 거라고 믿었습니다.

그리하여 그는 행운의 여신을 찾아 떠나기로 決心 □□ 했습니다.

그리고 친구에게도 동행 □□ 하자고 말했습니다. 하지만 친구는 그의 생각에 共感 □□ 할 수가 없었습니다.

"나는 지금 살고 있는 대로 만족하네. 나에게 주어진 일을 열심히 하면서 살 거야."

보기: 同行 信念 意志 공감 결심 상념

그 친구는 자신의 인생에 대해 확고한 **신념**☐☐을 가지고 있었습니다.

하지만 욕망이 큰 친구도 **의지**☐☐를 굽히지 않았습니다.

"허 참, 출세하고 성공한 사람들을 보게나. 우리보다 더 나을 것도 없는데 다 행운의 여신을 만났기 때문 아닌가? 난 떠날 거라네."

마침내 욕망이 큰 친구는 정처 없이 길을 떠났습니다. 몇날 며칠을 헤매던 그는 마침내 어느 커다란 궁전에 다다랐습니다.

"저기엔 왕과 지위 높은 사람들이 출입하는 곳이니 반드시 행운의 여신이 있을 거야."

하지만 거기에서 행운의 여신을 찾기란 쉽지 않았습니다.

— 계속 —

同 : 같을 동(E2-5) 行 : 다닐/항렬 행/항(C2-7) 共 : 함께 공(E2-6) 決 : 결단할 결(F3-9)
心 : 마음 심(B1-3) 意 : 뜻 의(D2-5) 信 : 믿을 신(F1-1)

感으로 漢字語 만들기

보기 와 같이 빈 칸에 알맞게 쓰세요.

보기

共 + 感 → 共感
함께 공   느낄 감   공감

이야기를 읽다 가슴 뭉클한 감동을 받는 것은 읽는 이가 이야기의 주제에 **共感(공감)**하기 때문입니다.

1.

自 + 信 + ☐ → 自信感
스스로 자   믿을 신   느낄 감   자신감

젊은 변호사는 당차고 **自信感(　　　)** 넘치는 목소리로 변론했다.

2.

所 + ☐ → 所感
곳/바 소   느낄 감   소감

우리 반 회장으로 추천한 까닭을 말해 봅시다. 당선된 회장에게 **所感(　　　)**을 들어 봅시다.

확인하기 　共 : 함께 공(E2-6)　　自 : 스스로 자(B2-6)　　信 : 믿을 신(F1-1)　　所 : 곳/바 소(D1-2)

🈁 感을 필순에 맞게 쓰세요.

느낄 감

📖 빈 칸에 感을 써 넣어 한자어를 만들고, 그 뜻을 읽어 보세요.

 | 共 | | 共 | | 共 |

共感(공감) : 남의 생각이나 의견에 대해 자기도 그러하다고 느낌

 | 自 | 信 | | 自 | 信 |

自信感(자신감) : 자신이 있다고 여겨지는 느낌

 | 所 | | 所 | | 所 |

所感(소감) : 느낀 바. 또는 느낀 바의 생각

보기 와 같이 빈 칸에 알맞게 쓰세요.

보기

回 (돌 회) + 想 (생각 상) → 回想 (회상)

소공녀는 가끔 아버지의 사업이 쓰러지지 않았던 즐거웠던 때를 回想(회상)하곤 하였다.

1. 感 (느낄 감) + ☐ (생각 상) → 感想 (감상)

우리는 박물관에 다녀온 후, 박물관에서 경험한 것을 정리하기 위해 견학 보고서나 **感想**(　　)문을 쓴다.

2. 思 (생각 사) + ☐ (생각 상) → 思想 (사상)

동학은 사람이 곧 하늘이요, 하늘의 마음이 곧 사람의 마음이라고 하는 '인내천' **思想**(　　)을 근본으로 하고 있다.

回 : 돌 회(E2-7)　　思 : 생각 사(D2-5)

想을 필순에 맞게 쓰세요.

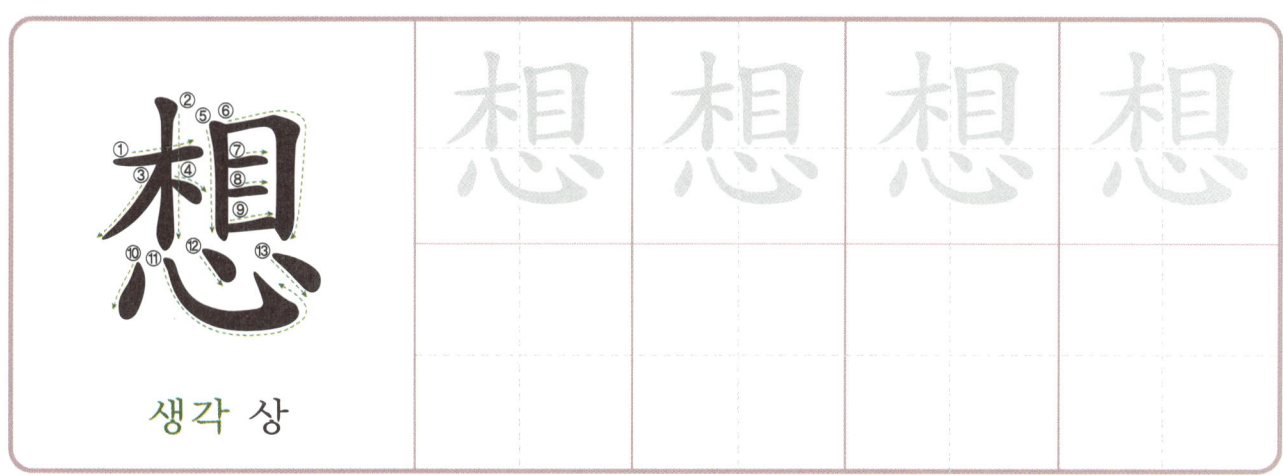

빈 칸에 想을 써 넣어 한자어를 만들고, 그 뜻을 읽어 보세요.

回想(회상) : 지난 일을 돌이켜 생각함

感想(감상) : 마음에 느끼어 일어나는 생각

思想(사상) : 생각. 사고 작용의 결과로 얻어진 체계적 의식 내용

옛날 이야기로 배우는 漢字

🦝 전래동화를 읽고 물음에 답하세요.

하늘나라 밭 구경

옛날에 한 젊은 벼슬아치가 중국에 ㉠사신으로 가게 되었습니다. 중국에 도착한 그는 그 나라 사신들과 함께 만리장성을 구경하러 갔습니다. 그런데 만리장성을 보며 ㉡感想에 젖어 있던 중국 사신 하나가 뻐기면서 말했습니다.

"저 성은 길이가 만 리나 되어서 만리장성이라 한다. 당신네 나라는 땅이 좁아서 저런 성을 쌓을 데도 없지. 또 저 들판은 당신네 나라 땅덩어리를 다 합친 것보다 넓다. 저 들판에서 나는 곡식으로 십만 명은 너끈히 먹고 살 수 있지."

"그까짓 걸 가지고 뭘 그러나. 우리 나라에는 하늘 위에 농사짓는 밭도 있는데……"

"그것 참 신기하군. 당신네 나라에 따라갈테니 하늘나라 밭 구경이나 시켜주시게."

중국 사신은 정말로 그 젊은 사신을 따라왔어요. 집으로 돌아온 젊은 사신은 자신이 한 말을 후회하며 어찌해야 할지 걱정하자 그의 아버지가 해결책을 말해 주었어요.

젊은 사신은 날이 밝자마자 동네로 나가, 동네 노인들에게는 덩실덩실 춤을 추라 일렀고, 아이들에게는 엉엉 울고 있으라고 일렀지요.

"저 노인들과 아이들에게 무슨 일이 있소?"

"하늘나라 밭은 너무 멀어서 가는 데 삼십 년, 오는 데 삼십 년이 걸리지요. 저 노인들은 육십 년 전에 밭 메러 갔다가 엊저녁에 돌아왔는데, 안 죽고 살아 왔다고 좋아서 저렇게 잔치를 벌이는 것이오."

"그러면 저 아이들은 왜 저렇게 울고 있소?"

"그거야 이제 가면 육십 년 뒤에 돌아올 테니, 그게 서러워서 저렇게 울고 있는 것이지요."

"어이구, 가는 데 삼십 년, 오는 데 삼십 년이라? 내가 지금 구경하러 나섰다가는 다 가지도 못하고 죽어 버리겠군. 난 안 갈 테야."

중국 사신은 자기 나라로 돌아가 버렸답니다.

1. ㉠을 한자로 바꾸어 쓰세요.

2. ㉡의 음을 쓰세요.

이번 주에 배운 한자어를 넣어, 그림의 상황에 어울리게 짧은 글을 지어 보세요.

感想

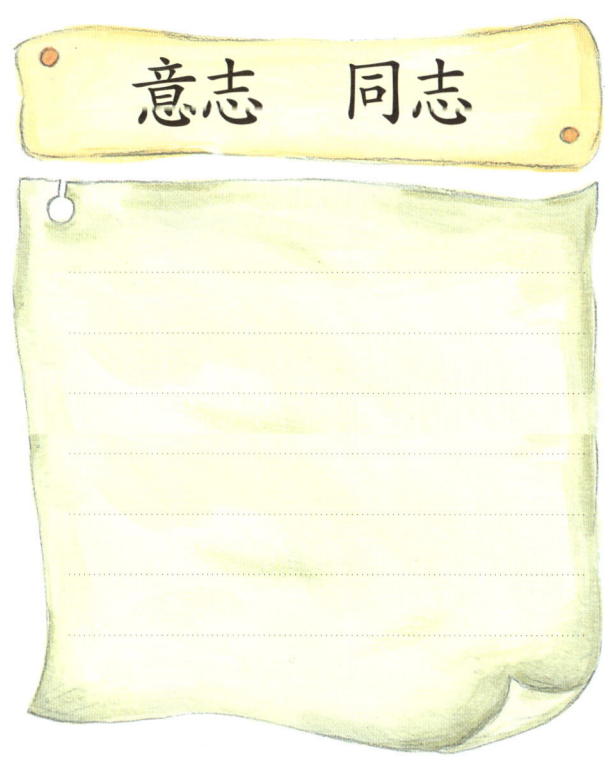

意志   同志

# 풀어보기

1. 서로 관련 있는 것끼리 선으로 이으세요.

志 ·   · 생각 ·   · 념

念 ·   · 느낄 ·   · 지

感 ·   · 뜻 ·   · 상

想 ────── 생각 ·   · 감

2. 다음 빈 칸에 공통적으로 들어갈 한자를 보기 에서 찾아 쓰세요.

보기   感   想   念   志

의 ☐   동 ☐   ☐ 사   ……… ☐

신 ☐   기 ☐   일 ☐   ……… ☐

회 ☐   사 ☐   감 ☐   ……… ☐

공 ☐   자신 ☐   소 ☐   ……… ☐

3. 다음 밑줄 친 낱말의 뜻에 알맞은 한자를 쓰세요.

- 나도 너와 같은 **생각**(念)이야.
- 그는 품은 **뜻**(　　)을 결코 꺾지 않았습니다.
- 영화 '집으로'를 보고 할머니의 소중함을 **느꼈다**(　　).
- 사람은 **생각**(　　)하는 동물이다.

4. 서로 관련 있는 것끼리 선으로 이으세요.

念	感	志	想
心 - 총13획	心 - 총7획	心 - 총8획	心 - 총13획

5. 다음 빈 칸에 알맞은 한자어를 보기 에서 찾아 쓰세요.

| 보기 | 意志 | 感想 | 回想 | 信念 |

- [의][지]의 한국인 손기정 선수의 유품전이 열립니다.
- "만리장성을 보고 온 [감][상]이 어때?"
- 그는 [신][념]이 확고한 사람이다.
- 지난 일을 돌이켜 생각하는 것을 [회][상]이라고 한다.

나라의 제사 때 먹은 음식, 설렁탕

조선 시대의 일입니다. 그 때는 해마다 경칩이 지나, 동대문 밖 보제원 동쪽 마을(현 서울시 동대문구 제기동)에서 제사를 지냈습니다.

사람에게 처음으로 농사짓는 법을 가르쳐 주었다는 신농씨를 기리고, 풍년을 기원하기 위해서였습니다.

이 때 쌓은 커다란 제단을 '선농단(先農壇)'이라고 불렀습니다.

제사 지내는 날이 되면, 백성들은 선농단 주변으로 구름 떼처럼 몰려들었습니다.

임금님을 먼발치에서나마 볼 수 있었을 뿐만 아니라, 제사 음식도 얻어 먹을 수 있었기 때문입니다.

선농단 앞에서는 밭을 마련하여 왕이 직접 쟁기를 잡고 밭을 갈아 보임으로써 농사의 소중함을 만백성에게 알리는 의식을 행했습니다.

제사가 끝나면, 제물로 바쳐진 소는 국을 끓이고 돼지는 삶은 후 썰어서 내놓았습니다.

이 때 수많은 사람들이 먹을 수 있도록 큰 솥에다 끓여서 밥을 말았습니다.

이 날만큼은 임금님도 백성들과 함께 음식을 먹었다고 합니다.

사람들은 소를 잡아서 끓인 국을 '선농단에서 끓인 국'이라 해서

'선농탕'이라고 불렀습니다.

그 이름이 변해서 지금의 '설렁탕'이 되었습니다.

확인하기 先 : 먼저 선(E2-7)   農 : 농사 농   壇 : 단 단

F 단계에서 배운 한자들

想	생각 상
志	뜻 지
念	생각 념
感	느낄 감

한자	훈음	한자	훈음
決	결단할 결	便	편할/똥오줌 편/변
洞	고을/통할 동/통	作	지을 작
注	부을 주	使	하여금/부릴 사
流	흐를 류	代	대신할 대
守	지킬 수	林	수풀 림
室	집 실	村	마을 촌
客	손님 객	材	재목 재
定	정할 정	校	학교 교
海	바다 해	他	다를 타
洋	큰바다 양	位	자리 위
漁	고기잡을 어	俗	풍속 속
洗	씻을 세	保	지킬 보
仁	어질 인	安	편안 안
仙	신선 선	宅	집 택
信	믿을 신	官	벼슬 관
休	쉴 휴	容	얼굴 용

 받아쓰기

♥ 엄마가 한자나 한자어를 부르고 아이가 받아쓰도록 합니다.

  念 생각 념

  志 뜻 지

 感 느낄 감

 想 생각 상

念 志 感 想
생각 념 뜻 지 느낄 감 생각 상

志

念

想

感

念 志 感 想

F단계 11호 해답

161a 1. 편/변, 작, 하여금/부릴, 代
2. 하여금/부릴 사, 지을 작, 편할 편/똥오줌 변, 대신할 대
161b 3. 作用, 便安, 古代, 使臣
4. 대신, 사신, 작용, 편안
162a 신념, 기념
162b 의지, 동지
163a 공감, 자신감
163b 회상, 감상
164a 今, 心, 생각, 념
164b 생각, 념, 心, 8획
165a 士, 心, 뜻, 지
165b 뜻, 지, 心, 7획
166a 心, 느낄, 감
166b 느낄, 감, 心, 13획
167a 相, 心, 생각, 상
167b 생각, 상, 心, 13획
169a 1. 念, 기념   2. 念, 일념
169b 念, 念, 念
170a 1. 志, 동지   2. 志, 지사
170b 志, 志, 志
171a 상념, 결심, 同行, 공감
171b 信念, 意志
172a 1. 感, 자신감   2. 感, 소감
172b 感, 感, 感
173a 1. 想, 감상   2. 想, 사상
173b 想, 想, 想
174a 1. 使臣   2. 감상

175a 1.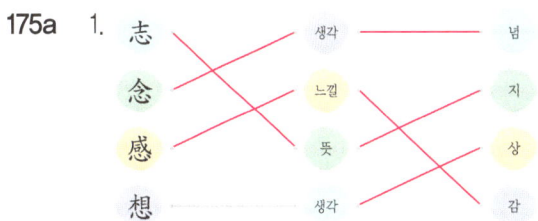
2. 志, 念, 想, 感
175b 3. 念, 志, 感, 想
4.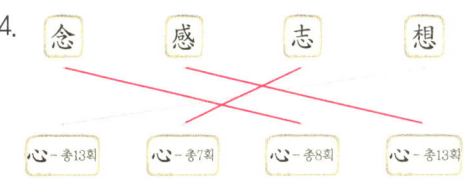

5. 意志, 感想, 信念, 回想

형성평가

1. ②
2. ③
3. 感, 느낄 감
4. 想
5. 일념
6. 동지
7. 공감
8. 자신감
9. 一念
10. 共感
11. 사상
12. 신념
13. 지사
14. 소감
15. ①
16. ②
17. 回想
18. 志士
19. 意志
20. 所感

펴낸이 : 정지향
펴낸곳 : (주)기탄교육
기획·편집·디자인 : 기탄교육연구소
주소 : 06698 서울특별시 서초구 효령로 40 기탄출판센터
등록 : 제2000-000098호
전화 : (02) 586-1007
팩스 : (02) 586-2337

※서점에 갈 시간이 없거나 구하기 어려운 분은 인터넷 또는 전화로 신청하세요. 즉시 우송해 드립니다.
● www.gitan.co.kr

ⓒ (주)기탄교육 All rights reserved.
저작권자의 동의 없이 본 교재를 무단으로 복제하거나 전재하는 것을 금합니다.

12호

기탄교과서한자 F단계 3집 177a~192a

F3집
129a-192a

F3집
12호
177a-192a

초등 교과서 한자어를 총체 분석한 어휘력 향상 한자 학습 프로그램

기탄 교과서 한자

공부한 날   월   일 ~   월   일
          교   반
이름   전화
www.gitan.co.kr

기초부터 탄탄하게
기탄교육

F단계 학습 한자 일람

	F단계						
1집	仁, 仙, 信, 休	2집	他, 位, 俗, 保	3집	決, 洞, 注, 流	4집	計, 記, 語, 詩
	安, 宅, 官, 容		守, 室, 客, 定		便, 作, 使, 代		情, 性, 進, 造
	海, 洋, 漁, 洗		林, 村, 材, 校		念, 志, 感, 想		始, 好, 雲, 雪
	복습		복습		복습		복습

학습 진단 관리표

	한자		한자어		이번 주는
	읽기	쓰기	읽기	쓰기	
금주평가	Ⓐ 아주 잘함	Ⓐ 아주 잘함	Ⓐ 아주 잘함	Ⓐ 아주 잘함	● 학습방법 ❶ 매일매일 ❷ 가끔 ❸ 한꺼번에 하였습니다.
	Ⓑ 잘함	Ⓑ 잘함	Ⓑ 잘함	Ⓑ 잘함	● 학습태도 ❶ 스스로 잘 ❷ 시켜서 억지로 하였습니다.
	Ⓒ 보통	Ⓒ 보통	Ⓒ 보통	Ⓒ 보통	● 학습흥미 ❶ 재미있게 ❷ 싫증내며 하였습니다.
	Ⓓ 노력해야 함	Ⓓ 노력해야 함	Ⓓ 노력해야 함	Ⓓ 노력해야 함	● 교재내용 ❶ 적합하다고 ❷ 어렵다고 ❸ 쉽다고 하였습니다.
	지도 교사가 부모님께				부모님이 지도 교사께

종합평가	Ⓐ 아주 잘함	Ⓑ 잘함	Ⓒ 보통	Ⓓ 노력해야 함

F3집
177a-192a

이번 주 학습 포인트

1일차 (177a~180b)
- '복습해요'를 통해 F3집에서 익힌 12자의 훈, 음, 형을 복습합니다.
- 각 호마다 지닌 한자의 공통점을 복습하여 한자의 생성 원리를 이해합니다.

2일차 (181a~184b)
- 만화를 통해 고사성어 近墨者黑의 뜻과 쓰임을 알아보고 적절한 때 사용할 수 있습니다.
- F3집에서 익힌 12자로 만들어지는 한자어의 음과 뜻을 한 번 더 복습합니다.
- 記는 아직 학습하지 않은 한자이므로 훈음 읽기 위주로 학습합니다.

3일차 (185a~188b)
- 동화 '행운을 찾아다니는 사나이'를 읽고 지금까지 배운 한자를 문장 속에 활용합니다.
- F3집에서 익힌 12자의 훈, 음, 형을 쓰기를 통해 복습합니다.
- F3집에서 익힌 12자로 만들어지는 한자어를 복습합니다.

4일차 (189a~190a)
- F3집에서 익힌 한자어를 재미 있는 퍼즐 형식에 담아 풀어 봅니다.
- 전래동화 '솜뭉치 꼬리가 된 토끼'를 읽고 문장 속에 한자, 한자어를 풀이해 봅니다.

5일차 (190b~192a)
- 풀어보기를 통해 F3집에서 익힌 한자와 한자어를 복습합니다.
- 읽을거리 '산을 옮긴 우공'에서 愚公移山의 뜻을 이해하고, 형성평가를 풀이하여 학습 성취도를 점검합니다.

복습해요

🔲 빈 칸에 알맞은 훈음을 쓰세요.

決

1. ⬜

洞

2. ⬜

注

3. 부을 주

流

4. ⬜

便

5. ⬜

作

6. ⬜

7.
8.
9. 생각 념

10.
11.
12.

🔸 빈 칸에 알맞은 훈음을 쓰고 필순에 맞게 한자를 쓰세요.

1.
훈: 음:

2.
훈: 음:

3.
훈: 음:

4.
훈: 음:

확인하기 • 氵(물 수)가 부수로 쓰여 한자의 왼쪽에 놓였으므로 '삼수변'이라 읽습니다.   • 注는 丶丶氵氵汁汁注注의 순서로 쓰이기도 합니다.

빈 칸에 알맞게 쓰세요.

1.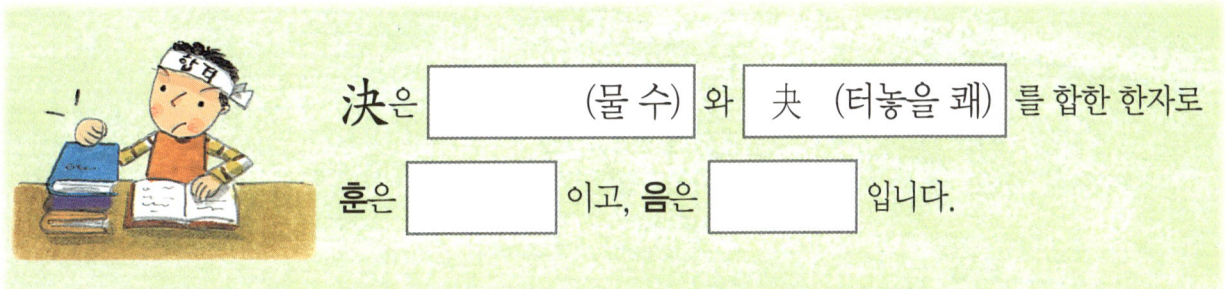
決은 ☐ (물 수) 와 夬 (터놓을 쾌) 를 합한 한자로 훈은 ☐ 이고, 음은 ☐ 입니다.

2.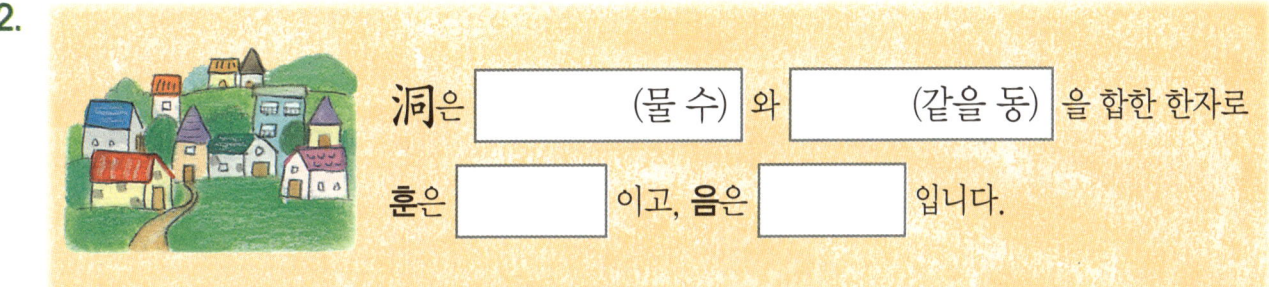
洞은 ☐ (물 수) 와 ☐ (같을 동) 을 합한 한자로 훈은 ☐ 이고, 음은 ☐ 입니다.

3.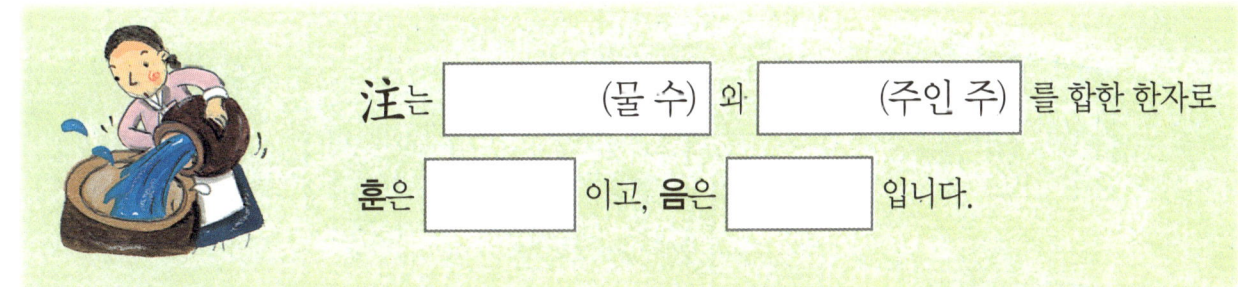
注는 ☐ (물 수) 와 ☐ (주인 주) 를 합한 한자로 훈은 ☐ 이고, 음은 ☐ 입니다.

4.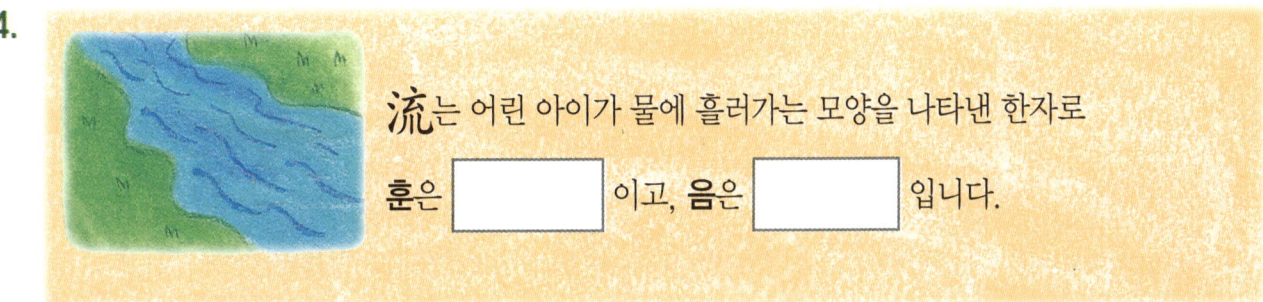
流는 어린 아이가 물에 흘러가는 모양을 나타낸 한자로 훈은 ☐ 이고, 음은 ☐ 입니다.

夬 : 터놓을 쾌　　同 : 같을 동(E2-5)　　主 : 주인 주(B3-10)

빈 칸에 알맞은 훈음을 쓰고 필순에 맞게 한자를 쓰세요.

1.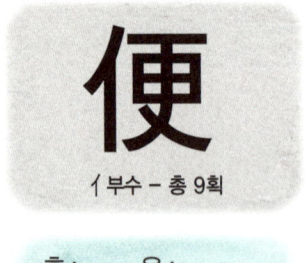
   便
   亻부수 - 총 9획
   훈: 음:

2. 作
   亻부수 - 총 7획
   훈: 음:

3.
   使
   亻부수 - 총 8획
   훈: 음:

4. 代
   亻부수 - 총 5획
   훈: 음:

• 亻(사람 인)이 부수로 쓰여 한자의 왼쪽에 놓였으므로 '사람 인변'이라 읽습니다.

빈 칸에 알맞게 쓰세요.

1.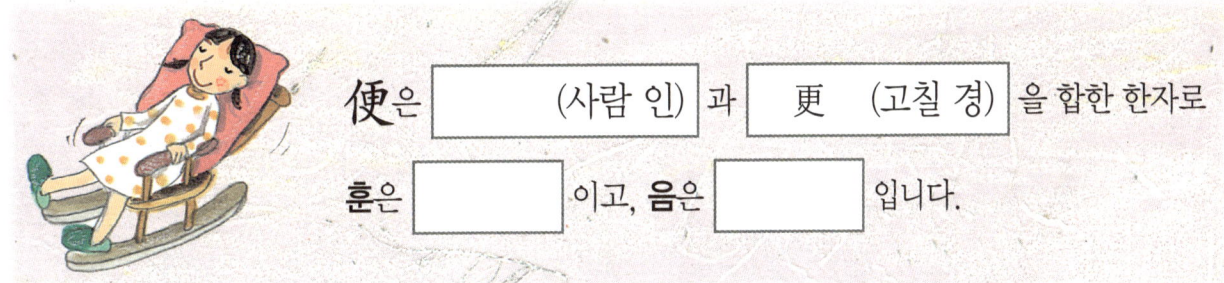

便은 ☐ (사람 인) 과 更 (고칠 경) 을 합한 한자로 훈은 ☐ 이고, 음은 ☐ 입니다.

2.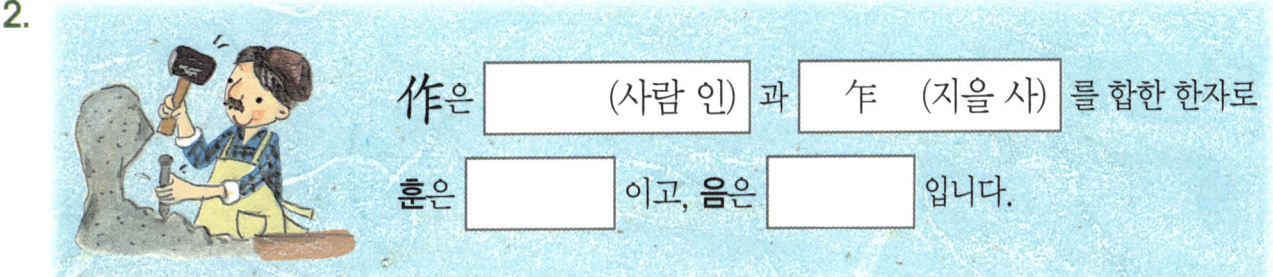

作은 ☐ (사람 인) 과 乍 (지을 사) 를 합한 한자로 훈은 ☐ 이고, 음은 ☐ 입니다.

3.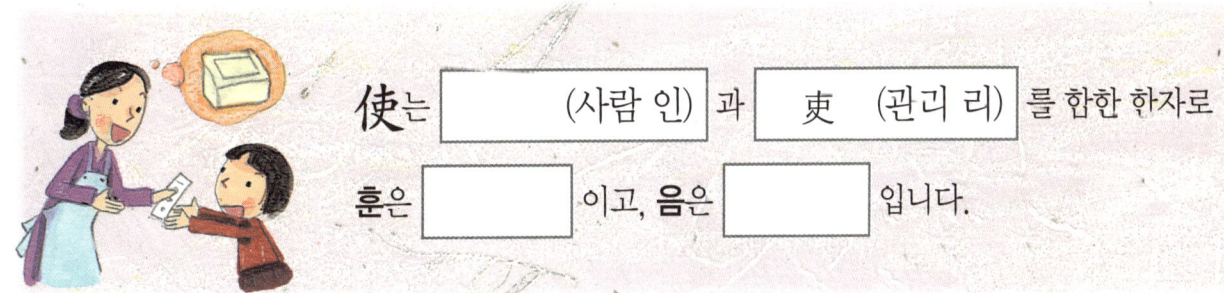

使는 ☐ (사람 인) 과 吏 (관리 리) 를 합한 한자로 훈은 ☐ 이고, 음은 ☐ 입니다.

4.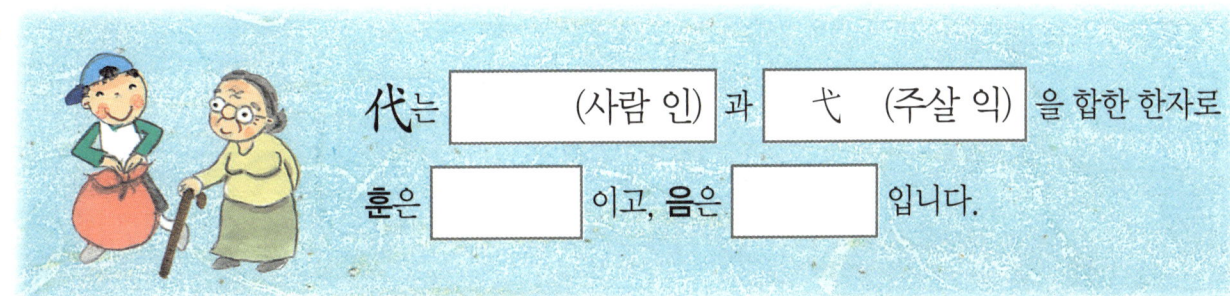

代는 ☐ (사람 인) 과 弋 (주살 익) 을 합한 한자로 훈은 ☐ 이고, 음은 ☐ 입니다.

更 : 고칠/다시 경/갱   乍 : 잠깐/지을 사   吏 : 관리 리   弋 : 주살 익

🔶 빈 칸에 알맞은 훈음을 쓰고 필순에 맞게 한자를 쓰세요.

1.

   念
   心부수 - 총 8획

   훈: 음:

2.

   志
   心부수 - 총 7획

   훈: 음:

3.

   感
   心부수 - 총 13획

   훈: 음:

4.

   想
   心부수 - 총 13획

   훈: 음:

   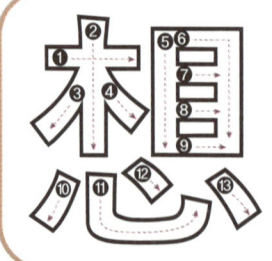  

[확인하기] • 心(마음 심)이 부수로 쓰여 한자의 아래에 놓였으므로 '마음 심발'로 읽습니다.

빈 칸에 알맞게 쓰세요.

1. 念은 ☐(이제 금)과 ☐(마음 심)을 합한 한자로 훈은 ☐이고, 음은 ☐입니다.

2. 志는 ☐(선비 사)와 ☐(마음 심)을 합한 한자로 훈은 ☐이고, 음은 ☐입니다.

3. 感은 咸(다 함)과 ☐(마음 심)을 합한 한자로 훈은 ☐이고, 음은 ☐입니다.

4. 想은 ☐(서로 상)과 ☐(마음 심)을 합한 한자로 훈은 ☐이고, 음은 ☐입니다.

확인하기 今 : 이제 금(C3-11)　士 : 선비 사(B2-5)　咸 : 다 함　相 : 서로 상(E4-13)

도둑들의 손에서 자란 쌍둥이 중 한 명은 죄인으로,

착한 부부에게서 자란 아이는 그 도둑을 심판하는 심판관으로 만났단다.

앗! 너무 슬퍼!

이 얘기가 주는 교훈이 뭔지 알겠니? 엉뚱아.

엉~! 쌍둥이를 잃어 버리지 말자.

으이그, 엉뚱아. 그게 아니라.

근묵자흑 (近墨者黑) 이라! 이 뜻이 무엇이냐. 바로 먹을 가까이 하면 자신도 모르게 검어진다는 거야. 모든게 똑같은 쌍둥이도

자라온 환경에 따라 한 사람은 죄인으로 또 한 사람은 그 사람을 벌하는 심판관으로 판이하게 다르게 자라나는 것처럼 말이지.

엉뚱이 너도 자꾸 저런 폭력적인 만화만 보면 정서에 해롭다 이 말씀이야.

그럼 나도 커서 폭력헌터X처럼 되는 거야?

으휴~. 엉뚱이 너한테는 두 손 들었다.

近 : 가까울 근   墨 : 먹 묵   者 : 사람 자   黑 : 검을 흑

먹을 가까이 하면 검어진다는 뜻으로 나쁜 사람을 가까이하면 물들기 쉬움을 뜻하는 말입니다. 곧 사람도 주위 환경에 따라 변할 수 있다는 것을 비유한 말로 훌륭한 스승을 만나면 스승의 행실을 보고 배움으로써 자연스럽게 스승을 닮게 되고 나쁜 무리와 어울리면 보고 듣는 것이 그릇된 것 뿐이니 자신도 모르게 그릇된 방향으로 나아가게 된다는 것을 일깨우는 성어입니다.

漢字語 다지기
決 洞 注 流

그림과 한자어를 연결하고 빈 칸에 음을 쓰세요.

1.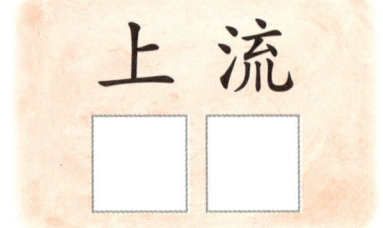
   上 流

2.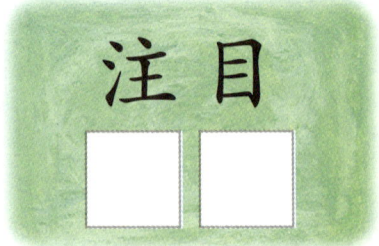
   注 目

3.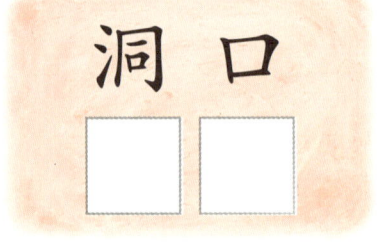
   洞 口

4.
   決 心

上 : 위 상(A4-15)   目 : 눈 목(A3-10)   口 : 입 구(A3-10)   心 : 마음 심(B1-3)

빈 칸에 알맞게 쓰세요.

1.

□□(결정) : 결단을 내려 확정함

可決(□□) : 제출된 의안을 좋다고 인정하여 결정함

2.

洞口(□□) : 동네 어귀

洞長(□□) : 동의 사무를 통괄하는 사람

3.

□□(주문) : 물건을 만들거나 파는 사람에게 부탁하여 청구하거나 맞춤

注意(□□) : 마음에 새겨 조심함

4.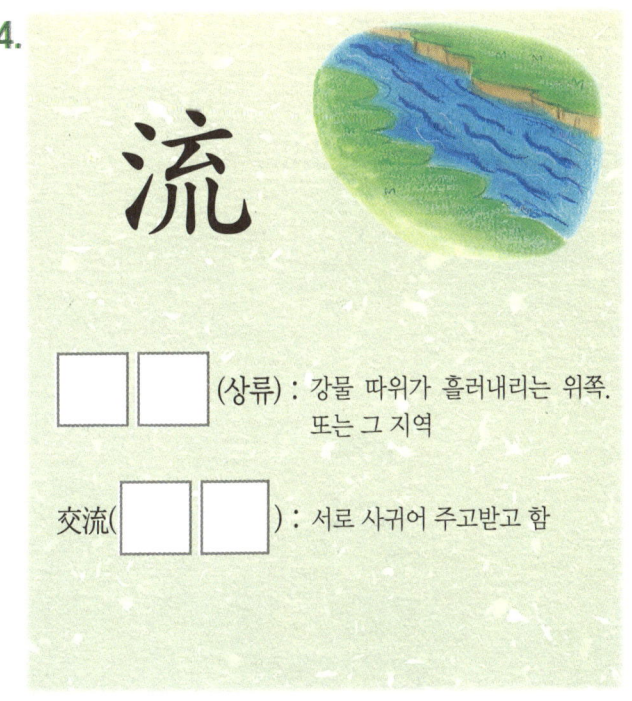

□□(상류) : 강물 따위가 흘러내리는 위쪽. 또는 그 지역

交流(□□) : 서로 사귀어 주고받고 함

定 : 정할 정(F2-6)   可 : 옳을 가(E1-3)   長 : 길/어른 장(D3-11)   文 : 글월 문(C1-1)   意 : 뜻 의(D2-5)   交 : 사귈 교(C1-2)

漢字語 다지기

便 作 使 代

그림과 한자어를 연결하고 빈 칸에 음을 쓰세요.

1. 　　　　　作 品

2. 　　　　　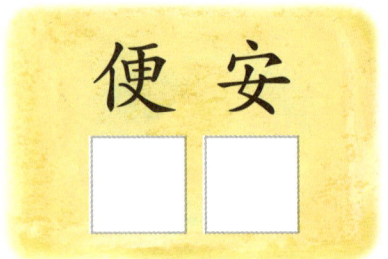 便 安

3. 　　　　　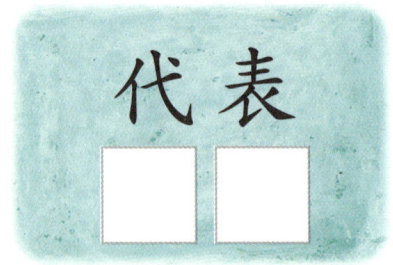 代 表

4. 　　　　　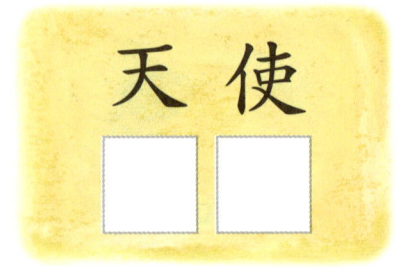 天 使

品 : 물건 품(E1-1)　　安 : 편안 안(F1-2)　　表 : 겉 표(E3-11)　　天 : 하늘 천(C3-9)

빈 칸에 알맞게 쓰세요.

1.

   ☐☐ (편안) : 몸이나 마음이 편하고 좋음. 아무 일 없이 무사함

   ☐☐ (편리) : 어떤 일을 하는 데 편하고 이용하기 쉬움

2.

   ☐☐ (작용) : 어떠한 현상이나 행동을 일으킴. 또는 그 현상이나 행동

   作品(☐☐) : 만든 물건. 그림, 조각, 소설, 시 등 예술 활동으로 만든 것

3.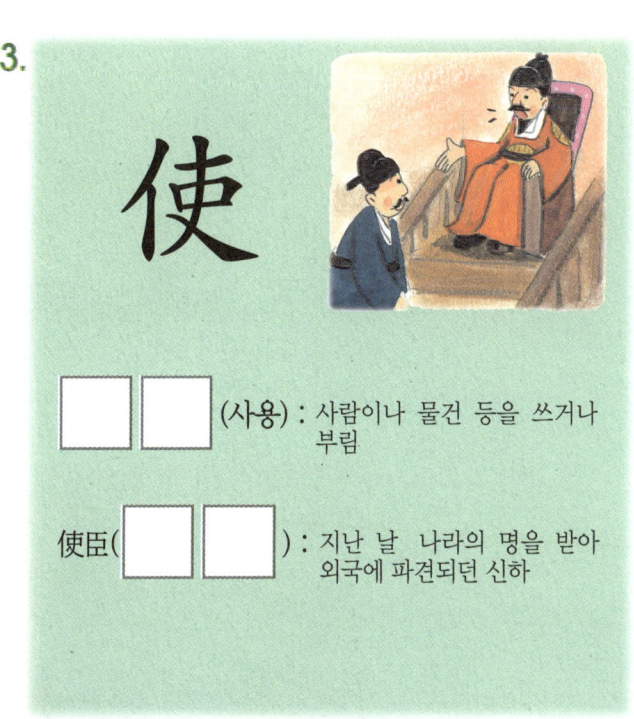

   ☐☐ (사용) : 사람이나 물건 등을 쓰거나 부림

   使臣(☐☐) : 지난 날 나라의 명을 받아 외국에 파견되던 신하

4.

   ☐☐ (고대) : 옛 시대

   代身(☐☐) : 어떤 사람이 할 일에 그 사람과 바꾸어 들어 그 일을 하는 사람

利 : 이로울 리(D1-3)   用 : 쓸 용(D1-3)   臣 : 신하 신(C4-13)   古 : 옛 고(C3-11)   身 : 몸 신(B1-3)

念志感想

그림과 한자어를 연결하고 빈 칸에 음을 쓰세요.

1.  • •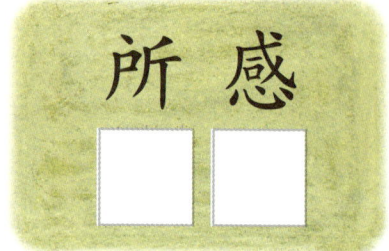
所 感

2.  • •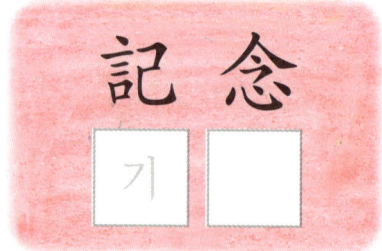
記 念
기

3.  • •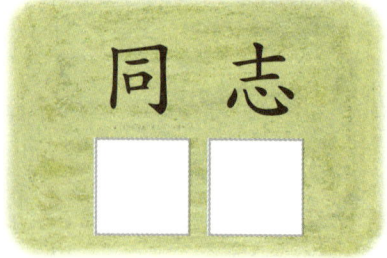
同 志

4.  • •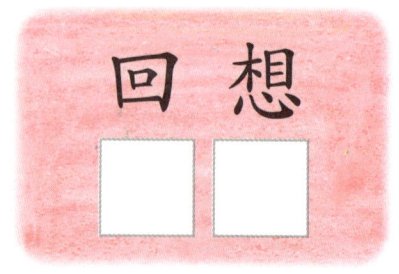
回 想

所 : 곳/바 소(D1-2)　記 : 기록할 기(F4-13)　同 : 같을 동(E2-5)　回 : 돌 회(E2-7)

빈 칸에 알맞게 쓰세요.

1.

信念( ): 굳게 믿어 의심하지 않는 마음

 (일념): 한결같은 마음. 한 가지의 생각

2.

意志( ): 목적이 뚜렷한 생각. 뜻

 (지사): 크고 높은 뜻을 가진 사람

3.
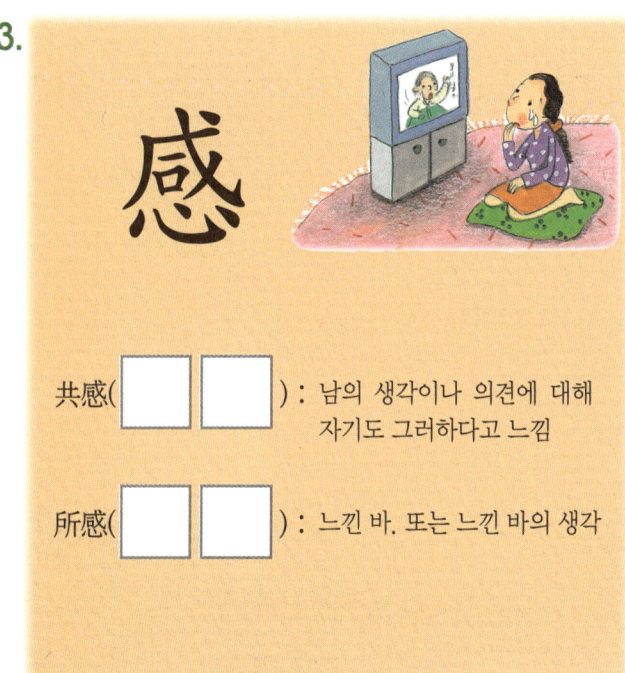

共感( ): 남의 생각이나 의견에 대해 자기도 그러하다고 느낌

所感( ): 느낀 바. 또는 느낀 바의 생각

4.

回想( ): 지난 일을 돌이켜 생각함

感想( ): 마음에 느끼어 일어나는 생각

信 : 믿을 신(F1-1)   一 : 하나 일(A2-5)   意 : 뜻 의(D2-5)   士 : 선비 사(B2-5)   共 : 함께 공(E2-6)

술술술 漢字 동화

동화를 읽고 보기 에서 알맞은 한자나 음을 찾아 쓰세요.

행운을 찾아다니는 사나이 2

그는 또다시 행운을 잡았다는 소문을 따라 떠돌아 다니기 시작했습니다.

어느 날 먼 나라에서 온 使臣 ☐☐ 으로부터 행운을 보았다는 이야기를 듣자 바다로 나가기로 決定 ☐☐ 했습니다. 배를 타고 먼 여행을 하는 동안 많은 시련을 겪었지요.

그는 행운 代身 ☐☐ 에 해적과 폭풍우를 만났고, 배가 암초에 부딪혀 표류하기도 했습니다.

한없이 넓은 해양을 바라보며 평화로왔던 고향에서의 생활을 回想 ☐☐ 하며 상념에 잠기곤 했습니다.

보기 회상 대신 결정 사신 편안

천신만고 끝에 육지에 닿았지만 행운의 여신은 이미 그 곳을 떠난 후였습니다.
지칠대로 지친 그는 고향으로 발걸음을 옮겼습니다.
멀리 그가 살던 마을이 보이자 그는 울며 말했습니다.
"나는 얼마나 어리석은 인간이었나. 헛된 꿈을 좇는 일은 시작부터 하지 말았어야 했는데……"
그리고 그는 친구의 집으로 달려갔습니다. 그런데 친구의 집 앞에 그가 그토록 찾아 헤매던 행운의 여신이 앉아 있는 게 아니겠어요?
친구는 便安□□한 모습으로 잠들어 있었지요.

決 洞 注 流 마무리 하기

빈 칸에 알맞은 훈음을 쓰고 필순에 맞게 한자를 쓰세요.

	丶丶冫冫汀江汀決
決 1.	決 決

	丶丶冫冫汀汩洞洞洞
洞 2.	洞 洞

	丶丶冫冫汀汁注注
注 3.	注 注

	丶丶冫冫汀汁汁浐流
流 4.	流 流

빈 칸에 알맞은 한자를 쓰세요.

1.

2.

3.

4.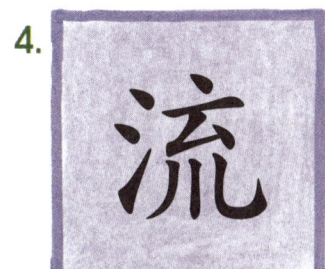

便 作 使 代 　마무리 하기

빈 칸에 알맞은 훈음을 쓰고 필순에 맞게 한자를 쓰세요.

ノ イ イ' イ㇀ 行 侣 佢 侮 便 便

1. 便

ノ イ イ' イ㇀ 仁 竹 作 作

2. 作

ノ イ イ' イ㇀ 仁 佢 侮 使

3. 使

ノ イ 亻 代 代

4. 代

빈 칸에 알맞은 한자를 쓰세요.

1. 便

便 安	便 利	大 便
편안	편리	대변

2. 作

作 心三日	作 用	作 品
작심삼일	작용	작품

3. 使

使 用	天 使	使 臣
사용	천사	사신

4. 代

古 代	代 表	代 身
고대	대표	대신

念志感想 마무리하기

빈 칸에 알맞은 훈음을 쓰고 필순에 맞게 한자를 쓰세요.

1. 念	ノ 人 人 今 今 念 念 念	
2. 志	一 十 士 士 志 志 志	
3. 感	ノ 厂 厂 厂 后 咸 咸 咸 感 感 感	
4. 想	一 十 才 木 机 机 相 相 想 想 想	

빈 칸에 알맞은 한자를 쓰세요.

1. 念

信□	記□	一□
신념	기념	일념

2. 志

意□	同□	□士
의지	동지	지사

3. 感

共□	自信□	所□
공감	자신감	소감

4. 想

回□	思□	感□
회상	사상	감상

📖 설명에 맞도록 빈 칸에 알맞은 한자를 써 넣어 퍼즐을 완성하세요.

가로열쇠

② 동지 : 뜻을 같이 하는 일. 또는 그런 사람
④ 작용 : 어떠한 현상이나 행동을 일으킴. 또는 그 현상이나 행동
⑤ 결심 : 마음을 굳게 작정함. 또는 그 작정한 마음
⑦ 자신감 : 자신이 있다고 여겨지는 느낌
⑩ 고대 : 옛 시대
⑫ 상류 : 강물 따위가 흘러 내리는 위쪽. 또는 그 지역

세로열쇠

① 사용 : 사람이나 물건 등을 쓰거나 부림
③ 지사 : 크고 높은 뜻을 가진 사람
④ 작심삼일 : 품은 마음이 사흘을 못 간다는 뜻으로 결심이 굳지 못함을 빗대어 이르는 말
⑥ 소감 : 느낀 바. 또는 느낀 바의 생각
⑧ 신념 : 굳게 믿어 의심하지 않는 마음
⑨ 교류 : 서로 사귀어 주고받고 함
⑪ 대표 : 개인이나 단체를 대신하여 그의 의사나 성질을 외부에 나타냄. 대표자의 준말

> 전래동화를 읽고 물음에 답하세요.

솜뭉치 꼬리가 된 토끼

어느 날 토끼 두 마리가 작은 호숫가에서 놀고 있었어요. 한참을 깡충깡충 뛰어 놀던 토끼들은 맞은편을 보고 입이 떡 벌어졌어요. 맞은편 기슭에는 파랗고 보드라운 풀이 끝없이 펼쳐져 있었어요. 푸른 들판을 바라보는 토끼들의 입에 침이 고이기 시작했어요. 그때 마침 늙은 자라가 햇볕을 쬐려고 물 위로 떠올랐어요.

"자라 아줌마, 아줌마네 집은 아주 대가족이라면서요?"
"그럼, 그럼. 우리는 식구가 아주 많단다."
"하지만 우리 가족에 비하면 아무 것도 아닐걸요. 우리들은 형제가 아주 많아요."
"허풍 떨지 마. 내가 보기엔 너희 두 마리밖에 없는 것 같은데?"
"나머지 형제들은 모두 집에 있어요. 그렇다면 식구 수를 비교해 볼까요? 오늘은 먼저 자라 아줌마네 식구가 몇이나 되는지 세어 보기로 해요."
그러자 자라는 딸들을 모두 불러내어 질서있게 줄을 세웠어요.
두 마리 토끼는 자라의 몸 위로 껑충껑충 뛰면서 수를 세어 나갔지요.
"둘, 넷, 여섯, 여덟, 열……."
수를 세는 동안 토끼들은 어느덧 ㉠便利하게 맞은편 기슭에 다다랐어요.
토끼는 껑충 뛰면서 자라를 놀렸어요.
"이 바보, 우리가 너희들을 속였지롱!"

드디어 토끼의 앞발이 기슭에 닿는 순간이었어요. 속은 것을 알게 된 자라는 ㉡代身 토끼의 꼬리를 깨물어버렸어요. 두 마리 토끼는 끌려가지 않으려고 있는 힘껏 버텼지요. 그러다가 그만 꼬리가 똑 잘리고 말았어요. 이때부터 토끼 꼬리는 솜뭉치처럼 뭉툭하게 되었답니다.

1. ㉠의 음을 쓰세요.

2. ㉡의 음을 쓰세요.

1. 다음 한자의 훈음을 쓰세요.

1) 志   2) 決   3) 便

4) 代   5) 洞   6) 感

7) 念   8) 注   9) 使

10) 想   11) 流   12) 作

2. 다음 빈 칸에 들어갈 한자를 보기에서 찾아 쓰세요.

보기: 決 洞 注 流 作 代 念 志 感 想

13) 上☐ — 상류   14) ☐長 — 동장

15) 古☐ — 고대   16) ☐品 — 작품

17) ☐定 — 결정   18) 同☐ — 동지

19) 信☐ — 신념   20) 回☐ — 회상

21) 自信☐ — 자신감   22) ☐目 — 주목

3. 다음 풀이와 한자어를 바르게 연결하세요.

23) 마음에 새겨 조심함 • • 一念

24) 지난 날, 나라의 명을 받아 외국에 파견되던 신하 • • 可決

25) 한결같은 마음. 한 가지의 생각 • • 志士

26) 크고 높은 뜻을 가진 사람 • • 注意

27) 제출된 의안을 좋다고 인정하여 결정함 • • 使臣

4. 왼쪽의 한자어가 되도록 바르게 연결하세요.

28) 천사 • 所 • 想

29) 소감 • 代 • 心

30) 대신 • 天 • 使

31) 결심 • 思 • 感

32) 사상 • 決 • 身

5. 다음 훈음에 알맞은 한자를 쓰세요.

33) 결단할 결
34) 생각 상
35) 편할/똥오줌 편/변
36) 고을/통할 동/통
37) 뜻 지
38) 지을 작
39) 느낄 감
40) 대신할 대
41) 부을 주
42) 생각 념
43) 하여금/부릴 사
44) 흐를 류

산을 옮긴 우공

옛날 중국에 우공이라는 늙은 농부가 살았어요.
우공의 집 앞은 두 개의 큰 산이 가로막고 있어서 외출을 하려면 산을 돌아가야 했지요.
너무 불편했던 나머지 우공은 그 두 산을 옮겨놓기로 결심했어요.
우공은 아들과 손자 손녀들을 모두 모아놓고 그 결심을 이야기했어요.
"예, 좋아요. 모두 힘을 합쳐 산을 옮겨요!"
온 가족이 산의 돌을 깨고 흙을 파서 근처의 커다란 땅인 발해로 운반했어요. 그 소문은 금방 널리 퍼졌답니다. 어떤 사람들은 달려와서 우공의 가족을 돕기도 했어요.

우공의 이웃에는 지수라는 약삭빠른 노인이 살고 있었어요. 하루는 지수가 우공을 찾아와 빈정거렸어요.
"자넨 참 우둔하구먼. 살면 얼마나 더 산다고……. 그럭저럭 살면 되지, 그렇게 큰 산을 어떻게 옮기나?"
우공은 도리어 이렇게 말했지요.
"자네야말로 우둔하네 그려. 내가 늙어서 죽더라도, 내 아들의 아들 또 그 아들의 아들이 대를 이을텐데 뭘. 우리 자손들이 계속 흙과 돌을 옮기면 언젠가는 산이 없어질 것 아닌가!"
지수 영감은 대꾸도 못하고 민망하여 얼른 집으로 돌아갔지요. 우공은 그 후로도 오랫동안 아들과 손자, 손녀들과 함께 산을 옮겼어요.
우공의 이야기는 하늘의 천왕의 귀에까지 들어갔어요. 천왕은 크게 감동해서 신선 두 사람을 우공에게 내려 보냈어요. 그 두 신선이 우공을 돕자, 어느새 커다란 산은 먼 곳으로 옮겨져 있더랍니다.
여기에서 나온 성어가 우공이산(愚公移山)으로 쉬지 않고 꾸준하게 한 가지 일만 열심히 하면 마침내 큰 일을 이룰 수 있음을 비유할 때 쓰이는 말입니다.

愚 : 어리석을 우   公 : 공평할 공(D2-5)   移 : 옮길 이   山 : 산/뫼 산(A1-1)

형성평가 F단계 12호

왼쪽의 훈음에 알맞은 한자를 쓰세요.

1. 훈 : 결단할
   음 : 결

2. 훈 : 대신할
   음 : 대

다음 물음에 답하세요.

3. 다음 한자와 음이 바르게 연결된 것을 고르세요.

   ① 作 - 대   ② 念 - 념   ③ 想 - 주   ④ 注 - 작

4. 다음 한자와 훈이 바르게 연결되지 않은 것을 고르세요.

   ① 代 - 대신할   ② 洞 - 고을/통할   ③ 志 - 학교   ④ 決 - 결단할

5. 다음 빈 칸에 알맞은 한자와 훈음을 쓰세요.

6. 다음 설명에 알맞은 한자를 쓰세요.

   今(이제 금)과 心(마음 심)이 합해져 만들어진 한자입니다. 마음 속에서 생각하고 있는 기분, 또는 지금까지 지니고 있는 마음을 나타낸 데서 **생각, 마음**을 뜻하는 한자입니다.

다음 한자어의 음을 쓰세요.

7.  流行

8.  注目

9.  使用

10.  作品

다음 빈 칸에 공통적으로 들어갈 한자를 보기에서 찾아 쓰세요.

보기: 便　想　決　志

11. 의☐　동☐　☐사　……☐

12. 대☐　☐안　☐리　……☐

13. 회☐　사☐　감☐　……☐

다음 물음에 답하세요.

14. '몸이나 마음이 편하고 좋음, 아무 일 없이 무사함'을 뜻하는 한자어를 고르세요.

① 作用　② 天使　③ 便安　④ 共感

15. '목적이 뚜렷한 생각, 뜻'을 뜻하는 한자어를 고르세요.

① 意志　② 回想　③ 使臣　④ 大便

16. 洞長의 알맞은 풀이를 고르세요.

① 옛 시대
② 동네 어귀
③ 동의 사무를 통괄하는 사람
④ 서로 사귀어 주고 받고 함

다음 보기에서 알맞은 한자어를 찾아 쓰세요.

보기: 天使　思想　信念　共感

17. 신 념 ☐☐

18. 공 감 ☐☐

19. 천 사 ☐☐

20. 사 상 ☐☐

정답 수	평가 결과 및 향후 진도
16~20문항	잘했어요. F4집 13호로 진행하세요.
11~15문항	부족해요. 틀린 문제의 한자를 다시 학습한 후 F4집 13호로 진행하세요.
10문항 이하	많이 부족해요. 이번 호를 복습한 후 다음 호로 진행하세요.

決	洞	注	流
결단할 결	고을/통할 동/통	부을 주	흐를 류

便	作	使	代
편할/똥오줌 편/변	지을 작	하여금/부릴 사	대신할 대

念	志	感	想
생각 념	뜻 지	느낄 감	생각 상

決 洞 注 流

便 作 使 代

念 志 感 想

F단계 12호 해답

177a	1. 결단할 결　　2. 고을/통할 동/통 3. 부을 주　　4. 흐를 류 5. 편할/똥오줌 편/변　　6. 지을 작
177b	7. 하여금/부릴 사　8. 대신할 대 9. 생각 념　　10. 뜻 지 11. 느낄 감　　12. 생각 상
178a	1. 결단할, 결　　2. 고을/통할, 동/통 3. 부을, 주　　4. 흐를, 류
178b	1. 氵, 결단할, 결 2. 氵, 同, 고을/통할, 동/통 3. 氵, 主, 부을, 주　4. 흐를, 류
179a	1. 편할/똥오줌, 편/변　　2. 지을, 작 3. 하여금/부릴, 사　　4. 대신할, 대
179b	1. 亻, 편할/똥오줌, 편/변　2. 亻, 지을, 작 3. 亻, 하여금/부릴, 사　4. 亻, 대신할, 대
180a	1. 생각, 념　　2. 뜻, 지 3. 느낄, 감　　4. 생각, 상
180b	1. 今, 心, 생각, 념　2. 士, 心, 뜻, 지 3. 心, 느낄, 감　4. 相, 心, 생각, 상
182a	상류, 주목, 동구, 결심
182b	1. 決定, 가결　　2. 동구, 동장 3. 注文, 주의　　4. 上流, 교류
183a	작품, 편안, 대표, 천사
183b	1. 便安, 便利　　2. 作用, 작품 3. 使用, 사신　　4. 古代, 대신
184a	소감, 기념, 동지, 회상
184b	1. 신념, 一念　　2. 의지, 志士 3. 공감, 소감　　4. 회상, 감상
185a	사신, 결정, 대신, 회상
185b	편안
189b	① 使　　②, ③ 志　　④ 作, 日 ⑤ 決　　⑥, ⑦ 感　　⑧ 念
	⑨ 流　　⑩, ⑪ 代　　⑫ 流
190a	1. 편리　　2. 대신
190b	1) 뜻 지　2) 결단할 결　3) 편할/똥오줌 편/변 4) 대신할 대　5) 고을/통할 동/통　6) 느낄 감 7) 생각 념　8) 부을 주　9) 하여금/부릴 사 10) 생각 상　11) 흐를 류　12) 지을 작 13) 流　14) 洞　15) 代　16) 作　17) 決 18) 志　19) 念　20) 想　21) 感　22) 注
191a	23) 마음에 새겨 조심함 — 注意 24) 지난 날, 나라의 명을 받아 외국에 파견되던 신하 — 使臣 25) 한결같은 마음. 한 가지의 생각 — 一念 26) 크고 높은 뜻을 가진 사람 — 志士 27) 제출된 의안을 옳다고 인정하여 결정함 — 可決 28) 천사 — 天使 29) 소감 — 所感 30) 대신 — 代身 31) 결심 — 決心 32) 사상 — 思想
191b	33) 決　34) 想　35) 便　36) 洞　37) 志 38) 作　39) 感　40) 代　41) 注　42) 念 43) 使　44) 流

형성평가

1. 決　　2. 代　　3. ②
4. ③　　5. 注, 부을 주　6. 念
7. 유행　8. 주목　9. 사용
10. 작품　11. 志　12. 便
13. 想　14. ③　15. ①
16. ③　17. 信念　18. 共感
19. 天使　20. 思想

펴낸이 : 정지향
펴낸곳 : (주)기탄교육
기획·편집·디자인 : 기탄교육연구소
주소 : 06698 서울특별시 서초구 효령로 40 기탄출판센터
등록 : 제2000-000098호
전화 : (02)586-1007
팩스 : (02)586-2337

※서점에 갈 시간이 없거나 구하기 어려운 분은 인터넷 또는 전화로 신청하세요. 즉시 우송해 드립니다.
● www.gitan.co.kr

ⓒ (주)기탄교육 All rights reserved.
저작권자의 동의 없이 본 교재를 무단으로 복제하거나 전재하는 것을 금합니다.

F 단계에서 배운 한자들

念 생각 념	志 뜻 지	感 느낄 감	想 생각 상				
決 결단할 결	洞 고을/통할 동/통	注 부을 주	流 흐를 류	便 편할/똥오줌 편/변	作 지을 작	使 하여금/부릴 사	代 대신할 대
守 지킬 수	室 집 실	客 손님 객	定 정할 정	林 수풀 림	村 마을 촌	材 재목 재	校 학교 교
海 바다 해	洋 큰바다 양	漁 고기잡을 어	洗 씻을 세	他 다를 타	位 자리 위	俗 풍속 속	保 지킬 보
仁 어질 인	仙 신선 선	信 믿을 신	休 쉴 휴	安 편안 안	宅 집 택	官 벼슬 관	容 얼굴 용

기획·편집·디자인 기탄교육연구소
주소 06698 서울특별시 서초구 효령로 40 기탄출판센터 | **전화** (02) 586-1007 | **팩스** (02) 586-2337
ⓒ (주)기탄교육 All rights reserved. 본 교재의 저작에 관한 모든 권리는 (주)기탄교육에 있습니다. 저작권자의 동의 없이 본 교재를 무단으로 복제하거나 전재하는 것을 금합니다.